Sonja Eismann

ENE, MENE, MISSY!

Die Superkräfte des Feminismus

FISCHER Taschenbuch

Originalausgabe

Erschienen bei FISCHER Kinder- und Jugendtaschenbuch
Frankfurt am Main, April 2017

© 2017 S. Fischer Verlag GmbH, Hedderichstr. 114,
D-60596 Frankfurt am Main

Satz: Dörlemann Satz, Lemförde
Druck und Bindung: CPI books GmbH, Leck
Printed in Germany
ISBN 978-3-7335-0258-4

Inhaltsverzeichnis

Vorwort – 7

Kapitel 1	Wofür soll Feminismus eigentlich gut sein? Der Blitzüberblick – 11
Kapitel 2	Wer könnte es so schön sagen wie sie? – 21
Kapitel 3	Zahlen, Daten und Fakten – 28
Kapitel 4	Verschiedene Feminismen – 37
Kapitel 5	Lebens- und Liebesformen – 56
Kapitel 6	Was, die auch? Stars und ihre Liebe zum Feminismus – 61
Kapitel 7	Die allerblödesten (und nicht ganz so blöden) Fragen zu Feminismus und was du darauf antworten kannst – 69
Kapitel 8	Praxischeck: Wie kann mir Feminismus im Alltag helfen? – 78
Kapitel 9	Male Gaze und Bechdel Test – 102
Kapitel 10	Feministische Manifeste – 110

Kapitel 11	Feministische Dresscodes durch die Jahrhunderte oder: Emanzipation durch Mode! – 123
Kapitel 12	Feministische Proteststrategien – 134
Kapitel 13	Mansplaining & Co – Männliche Überlegenheitsstrategien und wie du sie aushebelst – 164
Kapitel 14	Feminismus und Sprache – Sprache ist Macht – 170
Kapitel 15	Wir fragen jetzt einfach mal die, die es wissen müssen – und FeministInnen antworten – 184
Kapitel 16	Feministische Slogans – und was dahintersteckt – 195
Kapitel 17	Feministische Bullshit Bingos – 205
Kapitel 18	Die wichtigsten feministischen Hashtags im deutschsprachigen Raum – 207
Kapitel 19	Questions for Men – 215
Kapitel 20	Feministische Superheldinnen im Comic – 217
Kapitel 21	Feministisch durchs Jahr protestieren und feiern – 227
Anhang	Quellenverzeichnis – 243

Vorwort
Liebe Leserin und auch lieber Leser,

zugegeben, das Buch, das du in den Händen hältst, hat irgendwie einen komischen Titel. Er klingt nach Kinderabzählreim, und dann wird auch noch angeberisch mit Superkräften aufgetrumpft. Ganz so, als wollte man damit irgendjemanden ärgern: Meine Mama ist stärker als deine Mama, und übrigens, ich kann fliegen! Passt das zu so einem seriösen Thema wie Feminismus, bei dem immerhin für so etwas Grundsätzliches wie Menschenrechte gekämpft wird? Ene mene miste, es rappelt in der Kiste, ene mene meck, und du bist weg! So geht der Kinderreim ja eigentlich, und was zuerst so leichtfüßig und spielerisch klingt, kann schnell kippen in Situationen, in denen es heißt: Du bist doof, dich wollen wir nicht dabeihaben! Wenn man will, könnte man sagen, dass der Feminismus von heute auf genau diese Situationen reagiert. Denn einerseits haben die ganz unterschiedlichen feministischen Strömungen, die wir mittlerweile an jeder Straßenecke vorfinden, gezeigt, dass es wahnsinnig viel Spaß machen kann, sich für Gleichberechtigung einzusetzen, dass man damit mutig, kreativ, glamourös oder eben auch spielerisch umgehen kann – Beyoncé und Taylor Swift haben es schließlich vorgemacht. Dass man sich gemeinsam mit FreundInnen unfassbar stark fühlen kann, weil man merkt, wir können zusammen die Welt verändern.

Andererseits ist Feminismus aber neben all dem Vergnügen,

das er bereitet, auch noch eine ernste Angelegenheit. Wie im Abzählreim kann es auch heute noch ganz schnell passieren, dass Mädchen oder Frauen schlechter behandelt werden und dann erst mal weg vom Fenster sind. Weniger Geld für die gleiche Arbeit bekommen, dumm angemacht oder sexuell misshandelt oder im schlimmsten Fall sogar umgebracht werden. Einfach nur, weil sie Mädchen und Frauen sind. Dass das ungerecht ist, da sind wir uns wohl alle einig. Dieses Buch soll einen Einblick geben, wie viel Frauen in der Geschichte schon erreicht haben, um diese Ungerechtigkeiten zu beenden. Und es soll auch zeigen, wo heute noch etwas zu tun ist, und auf welchen vielfältigen Wegen wir uns dafür einsetzen können. Ob wir Binden mit feministischen Sprüchen auf die Laternenpfosten unserer Stadt oder unseres Dorfes kleben, ob wir einen queerfeministischen Modeblog für Dicke gründen, ob wir einen feministischen Hashtag erfinden, der um die Welt geht, ob wir feministische Sprachkritik betreiben oder ganz einfach uns selbst und andere über die reichhaltige Geschichte von Feminismus informieren – die Möglichkeiten, sich zu engagieren und mitzumachen, sind so gut wie unendlich. Und genau das ist eine der – vielen – Superkräfte des Feminismus, die es auf den folgenden Seiten zu entdecken gibt.

Dass im Titel das Wörtchen »Missy« vorkommt, hat natürlich auch einen Grund: Vor beinahe zehn Jahren habe ich gemeinsam mit anderen Frauen unseren Traum verwirklicht und das Missy Magazine gegründet. Unsere eigene Zeitschrift, ohne Chefs, ohne Ansagen von oben. In der es nur um Themen geht, die uns interessieren und von denen wir glauben, dass sie andere Mädchen und Frauen genauso bewegen. In der es um Politik und Pop geht, weil Politik wichtig ist und Pop Spaß macht. Denn es bietet die Möglichkeit, ganz locker mit verschiedenen Identitäten, weitab von langweiligen Jungs-Mädchen-Klischees, zu spielen. Hier sind Frauen nicht nur schmückendes Beiwerk, wie so oft in anderen Heften dieser Art, sondern stehen im Mittelpunkt der Aufmerksamkeit. Weil sie etwas zu sagen haben und etwas verändern wollen. Wir haben ganz nach dem popfeministischen Motto gehandelt, das da heißt: »We're pop culture babies – we want some pleasure with our critique!« (Wir sind Popkulturbabys, und wir wollen verdammt noch mal, dass unsere Kritik auch Spaß macht!)

Dass wir dieses Magazin heute immer noch herausgeben können und dass es beständig wächst, ist ein ganz großes Glück. Das haben wir vor allem den vielen Mädchen und Frauen zu verdanken, die sich für ähnliche Themen engagieren wie wir und uns mit ihrem Rückhalt und Feedback unterstützen. Daher kommt auch die Inspiration für dieses Buch, das Wissen um historischen und heutigen Feminismus, um Aktivismus und Vergnügen bündeln soll. Es funktioniert ähnlich wie das Magazin: Es ist keine lange Wurst aus Erklärungen, die herleiten, wie Feminismus funktioniert. Es ist eher ein Angebot aus verschiedensten Bauteilen, die zusammen einen Überblick über die Bewegung geben, aber auch einzeln funktionieren. Manches ist sehr einfach zu verstehen, mit anderem ist es ein wenig komplizierter. Weil die Verhältnisse manchmal sehr klar und direkt sind, dann aber wieder verwickelt, brauchen sie ihre eigene Sprache. Einiges im Buch ist aus dem Englischen hergeleitet, weil gerade im englischsprachigen Raum spannende feministische Diskussionen und Aktionen geführt werden – und weil Englisch auch die Sprache ist, in der Feministinnen aus der ganzen Welt sich am einfachsten miteinander vernetzen können. Dieses Buch erhebt also keinen Anspruch auf Vollständigkeit – im Gegenteil, es will dazu anregen, mit dem Wissen um das, was schon war, den Feminismus weiterzutragen und nach den eigenen Vorstellungen zu prägen. Und wenn das passiert, fühlt es sich tatsächlich so an, als könnten wir fliegen.

Kapitel I
Wofür soll Feminismus eigentlich gut sein?
Der Blitzüberblick

Wofür brauchen wir heute eigentlich noch Feminismus? Überhaupt: Feminismus – was geht mich das an? Das ist längst eine Sache aus der Vergangenheit. Wir haben doch alles erreicht. Frauen und Männer sind längst gleichberechtigt und vor dem Gesetz gleichgestellt. Frauen dürfen wählen, sie verdienen ihr eigenes Geld, sie entscheiden selbst, wen sie mit oder ohne Trauschein lieben, und ob sie Kinder wollen oder keine. Mädchen und Frauen können heute alles schaffen, wenn sie es nur wollen! Nur die Leistung zählt, nicht das Geschlecht.

Oder? Vielleicht doch nicht so ganz? Seit den Anfängen des Feminismus sind wir tatsächlich weit gekommen. Meilenweit. Aber eben noch nicht weit genug. Wo das weibliche Geschlecht früher knallhart durch das Gesetz benachteiligt wurde, weil man Frauen für Menschen zweiter Klasse hielt, sind die Benachteiligungen heute versteckter. Früher wurden Frauen wie Kinder behandelt, die den Männern geistig unterlegen sind, kein eigenes Geld besitzen dürfen und sich um Kinder und Haushalt zu kümmern haben (und das, obwohl sehr viele Frauen in der Geschichte sehr wohl außerhalb des Hauses arbeiten mussten). Man ging davon aus, dass der Mann der Kopf sei, das geistige Wesen, im besten Fall das Genie, und die Frau der Körper, das

Natur-Wesen, das Gefäß, das der Mann mit seinem Samen und manchmal auch mit seinem Wissen füllt. Und natürlich durfte er komplett über sie und ihr Leben bestimmen. Das kommt uns heute geradezu ekelhaft, absurd und natürlich vollkommen ungerecht vor.

Doch wie sieht es bei uns aus? Ist wirklich alles in Butter? Frauen verdienen meistens ihr eigenes Geld – aber das müssen sie auch! Denn ein Gehalt von heute, im Gegensatz zu früher, reicht nicht mehr für eine Familie aus. Sobald die Frauen nämlich als Arbeitskräfte entdeckt wurden, sank das Lohnniveau insgesamt. Obwohl also die meisten Frauen arbeiten müssen, erledigen sie immer noch den Großteil der Hausarbeit – unbezahlt. Oder sie geben sie an schlechter qualifizierte Frauen ab, die dafür spärlich entlohnt werden. Zudem verdienen Frauen allgemein immer noch rund ein Fünftel weniger als Männer. Deswegen haben sie weniger finanzielle Rücklagen und bekommen auch eine nicht so hohe Rente – im Moment im Schnitt nur etwas mehr als 500 Euro im Monat!

Wenn wir uns umsehen, bemerken wir, dass an den wichtigsten Schalthebeln überall immer noch Männer sitzen. Ja, wir haben eine Bundeskanzlerin und eine Verteidigungsministerin, aber die meisten wichtigen politischen Posten sind nach wie vor mit Männern besetzt. Ebenso in den großen Unternehmen – die Big Bosses sind in der Regel Männer, Frauen auf den Topebenen seltene Ausnahmen. Auch in den Medien dominieren die Männer in den Chefetagen und bestimmen damit darüber, was uns wie erzählt wird. Frauen kommen zwar oft als Moderatorinnen vor, aber nur, wenn sie nicht zu alt sind und dabei noch möglichst gut aussehen. Bei Männern sind Aussehen und Alter in diesen Positionen jedoch egal, so dass gerne ein weißhaariger Sprecher neben einer perfekt gestylten, jungen Frau platziert wird. In der Unterhaltungsbranche begegnen uns zwar viele Frauen, zum Beispiel im Pop, in Filmen, am Theater und in Büchern. Doch auch dort müssen sie meistens großartig aussehen, dünn und jung sein, und oft spielen sie nur die Nebenrollen als sexy Liebesobjekte oder Tänzerinnen. Von der Werbung ganz zu schweigen, wo nach wie vor Produkte mit sexistischen Fotos von Frauen beworben werden, die mit dem zu verkaufenden Ding an sich rein gar nichts zu tun haben.

Wenn es um die körperliche Unversehrtheit von Frauen und Mädchen geht, ist die Situation noch schlimmer. So schlimm, dass viele davon sprechen, dass wir in einer Rape Culture, einer Vergewaltigungskultur leben. Das bedeutet, dass sie die Gewalt gegen Frauen durchgehend verharmlost. Über ein Drittel der weiblichen Bevölkerung hat in Deutschland seit dem 15. Lebensjahr Gewalt erfahren, doch die wenigsten Vergewaltigungen werden angezeigt – weil nämlich die wenigsten angezeigten Vergewaltigungen überhaupt mit einem Strafurteil enden. Da sparen sich viele lieber die Tortur, vor fremden Personen die schrecklichen Ereignisse zu schildern. Häusliche Gewalt ist nach wie vor an der Tagesordnung, so dass jährlich Tausende Frauen in Frauenhäuser flüchten müssen. Und als wäre das nicht alles niederschmetternd genug, hat auch noch eine neue Studie von Anfang 2016 (Psychology of Women Quarterly) gezeigt, dass sich zwar einiges an den Realitäten geändert hat – dass zum Beispiel Frauen jetzt wie selbstverständlich Geld verdienen (müssen), dass die alten Rollenbilder aber immer noch fest in den Köpfen verankert sind. So denken die Leute heute noch genauso wie 1983, dass sich Frauen um Haushalt und Kinder kümmern, während Männer fürs Auto und für allgemeine technische Reparaturen zuständig sein sollten. Der Mann wird als Chef der Familie angesehen.

Also ist leider noch nicht alles ganz in Butter. Und aus diesem Grund brauchen wir heute immer noch dringend Feminismus – doch auch angesichts der oft grimmigen Realität sollten wir nie vergessen, dass es ein großartiges Gefühl ist, sich gemeinsam für eine Verbesserung der Welt einzusetzen. Weil die Geschichte gezeigt hat, dass unmöglich scheinende Veränderungen möglich sind. Und genau die können wir weiterhin gemeinsam erreichen.

In diesem Buch soll es um viele Dinge gehen, die im Feminismus wichtig waren und sind. Die feministische Bewegung ist jedoch so vielfältig und so geschichtsreich, dass nur ein Bruchteil davon überhaupt zur Sprache kommen kann. Es wird viel von Mädchen und Frauen, von Jungs und Männern die Rede sein. Manche der jetzt aktiven FeministInnen sind mit dieser Einteilung nicht einverstanden, weil sie sich nicht auf ein Geschlecht festlegen lassen wollen und finden, dass diese Kategorien genau das System aufrechterhalten, das uns mit seiner strengen Ordnung von Zweigeschlechtlichkeit – platt ausgedrückt: oben die Männer, unten die Frauen – unterdrückt. Und weil sie argumentieren, dass viele Menschen sich mit diesen Etiketten weder identifizieren können noch wollen. Das Ziel müsse sein, Geschlecht als Kategorie an sich aufzulösen. Das ist eine wichtige Kritik, die den Feminismus auch in Zukunft nachhaltig beeinflussen wird. Der Grund, warum hier trotzdem hauptsächlich von zwei Geschlechtern die Rede ist, ist der, dass wir von der Gesellschaft eben doch diesen zwei Kategorien zugeteilt werden. Diskriminierungen, die daraus entstehen, sind am einfachsten mit männlich und weiblich zu beschreiben.

Die nachfolgenden Kapitel versuchen, der Vielfältigkeit von Feminismus gerecht zu werden, indem ganz unterschiedliche Aspekte aufgegriffen werden. Bei Interesse können diese jeweils selbständig weiterverfolgt werden, zusammengenommen mögen sie ein Mosaik ergeben, bei dem noch viele Steinchen eingesetzt werden können. Trotzdem ist es hilfreich, als Grundlage mit einem geschichtlichen Überblick des Feminismus anzufangen. Denn was von Feministinnen jeder Generation beklagt wird, ist die Tatsache, dass alle das Gefühl haben, jedes Mal das Rad neu erfinden und von null anfangen zu müssen. Weil das Wissen um feministische Kämpfe nicht als Teil einer offiziellen Geschichte weitergegeben wird – Feminismus kommt in den meisten Lehrplänen an Schulen und Unis gar nicht oder nur am Rande vor, so dass sich die Interessierten ihr Wissen meist selbst zusammensuchen müssen.

Heute wird die Geschichte des Feminismus meist in Wellen erzählt. Das finden nicht alle gut. Zwischen den Wellen gab es schließlich auch feministisches Engagement. Und nur weil es von der Öffentlichkeit nicht so stark beachtet wurde, sollte es nicht vergessen werden. Trotzdem ist es für einen geschichtlichen Überblick hilfreich, die Geschehnisse so einzuteilen.

Man spricht mittlerweile von drei oder auch vier Wellen des Feminismus. Noch vor einigen Jahren war es in Deutschland üblich, von einer *alten* und einer *neuen* Frauenbewegung zu sprechen, wobei die alte Frauenbewegung der ersten und die neue Frauenbewegung der zweiten Welle entspricht.

Die **erste Welle** (von ca. 1800 bis 1950) bezeichnet die Zeit, in der Frauen für das allgemeine Frauenwahlrecht kämpften. In Österreich wurde das Wahlrecht für Frauen im Jahr 1918 eingeführt, in Deutschland im Jahr 1919 und in den USA erst 1920. In der Schweiz, man glaubt es kaum, dürfen Frauen erst seit dem 7. Februar 1971 abstimmen.

Schon zu Zeiten der Französischen Revolution, Ende des 18. Jahrhunderts, hatten sogenannte Frauenclubs in Europa für Frauen die gleichen Bürgerrechte gefordert, wie sie den Männern zustanden. Allerdings blieben sie zunächst erfolglos und wurden dafür sogar bestraft. So wurde zum Beispiel Olympe de Gouges, die ein Manifest für Frauenrechte geschrieben hatte, dafür 1793 hingerichtet.

In den USA fand im Juli 1848 die erste offizielle Konferenz für Frauenrechte statt, im kleinen Örtchen Seneca Falls im Bundesstaat New York. Auch dort ging es darum, das Wahlrecht für Frauen einzufordern.

In Deutschland wurde im Jahr 1865 der »Allgemeine Deutsche Frauenverein« gegründet. Hier ging es vor allem um Bildungschancen.

1892 fand in Frankreich erstmals ein Kongress mit dem Wort »Feminismus« im Titel statt, das die französische Frauenrechtlerin Hubertine Auclert geprägt hatte.

Anfang des 20. Jahrhunderts formierten sich in vielen weiteren westlichen Ländern Frauengruppen, die für das Frauenwahlrecht eintraten. Eine dieser Gruppen waren die britischen Suffragetten, die sich mit besonders radikalen Aktionen hervortaten.

Im August 1910 fand in Kopenhagen die erste internationale Frauenkonferenz statt. Die deutsche Sozialistin Clara Zetkin forderte dort zum Beispiel einen Acht-Stunden-Arbeitstag, gleichen Lohn für gleiche Arbeit und Urlaub für Schwangere.

Nachdem die Frauen in den jeweiligen Ländern das Wahlrecht erlangt hatten, kühlte die feministische Bewegung etwas ab und zersplitterte sich. In Deutschland wurde sie von den Nazis zerschlagen und teilweise sogar für deren Zwecke vereinnahmt.

Die **zweite Welle** beginnt mit der Zeit der Studentenbewegung in den 1960er Jahren, als die alte patriarchale Gesellschaftsordnung durch weltweite Revolten aufgebrochen wurde. Die neue Generation von Frauen konnte sich teilweise auf das stützen, was die anderen vor ihnen schon erreicht hatten, trotzdem konnte von einer Gleichstellung von Mann und Frau keine Rede sein. Unzufrieden mit der dienenden Rolle, die ihnen in der Studentenbewegung zugewiesen wurde, entdeckten sie die Schriften von Simone de Beauvoir. Diese Frauenrechtlerin war bereits 1949 in ihrem Buch »Das andere Geschlecht« der Frage nachgegangen, warum die Frau nur als minderwertiger Mann dargestellt wird. Auch das Buch »Der Weiblichkeitswahn« von Betty Friedan gehörte zur feministischen Pflichtlektüre dieser Zeit. Die US-Amerikanerin entlarvte in diesem Buch das 50er-Jahre-Ideal der hübschen/braven/dem Ehemann den Rücken freihaltenden Hausfrau als Trugbild. Freidan erzählt, wie Frauen durch die Verdammung zur Untätigkeit und gesellschaftlichen Irrelevanz zuweilen in tiefe Depressionen getrieben wurden.

In Deutschland fing die Frauenbewegung mit einem Tomatenwurf (siehe Kapitel »Feministische Proteststrategien«) und der Gründung von »Weiberräten« an. Sie forderten gleichen Lohn für gleiche Arbeit, bessere Kinderbetreuung, das Ende der Abhängigkeit vom Ehemann und die Entscheidungshoheit über den eigenen Körper: Denn sogar so intime Themen wie

Abtreibung oder Verhütung waren damals tabu. Die Frauenbewegung der 1960er und 70er Jahre wurde von einer breiten Masse der weiblichen Bevölkerung getragen und war extrem erfolgreich. Feministische Zeitschriften wie *Courage*, *Emma* oder *Die Schwarze Botin* wurden gegründet und erreichten teilweise sechsstellige Auflagen.

Doch zu Beginn der 1980er Jahre teilte sich die Frauenbewegung in viele unterschiedliche Interessensgruppen, z. B. lesbische Frauen, PoCs (Person of Color; Selbstbezeichnung von Menschen, die von Rassismus betroffen sind) oder Frauen mit Migrationshintergrund, die sich in der bürgerlich und weiß geprägten Bewegung nicht ausreichend repräsentiert fühlten. Feministische Forderungen wurden institutionalisiert, das heißt, dass zum Beispiel an Universitäten ganze Studiengänge eingeführt wurden, die sich mit dem Thema Gleichberechtigung beschäftigten. Das führte dazu, dass die feministische Protestbewegung von der Straße verschwand. Vor allem bei jüngeren Leuten galt Feminismus als völlig »uncool«.

Der Impuls für eine neue, **dritte Welle** kam Anfang der 1990er Jahre aus den USA. Einerseits war die Riot-Grrrl-Bewegung ein wichtiger Impuls. Sie sprach mit einem punkigen Do-It-Yourself-Feminismus Themen an, die vorher vernachlässigt worden waren: Schönheitsnormen, sexualisierte Gewalt, Essstörungen oder weibliche Vorbilder. Andererseits nahmen Frauen wahr, dass sie mit dem Versprechen der vollständigen Gleichberechtigung in den 1970er Jahren aufgewachsen waren, und dass sich das immer noch nicht bewahrheitet hatte. Rebecca Walker, die Tochter der Autorin Alice Walker, war diejenige, die den Begriff »Third Wave« prägte. Sie schrieb 1992 einen wütenden Text im US-amerikanischen feministischen Ms Magazine, in dem sie zu einem Fall von sexueller Belästigung Stellung bezog, der große Wellen geschlagen hatte. Anita Hill, eine ehemalige Mitarbeiterin von Clarence Thomas, der als Richter an den Supreme Court berufen werden sollte, sagte 1991 aus, dass er sie jahrelang sexuell belästigt hatte. Obwohl es mehrere Mitarbeiterinnen gab, die ihre Aussagen bestätigen konnten, wurden diese nicht befragt und stattdessen Thomas geglaubt, der alles abstritt – und die Stelle bekam. Die Art und Weise, wie die Glaubwürdigkeit von Anita Hill von einem rein männlich besetzten Komitee in Frage gestellt wurde, machte viele Frauen zornig und führte zu einem neuen, feministischen Aktivismus. Rebecca Walker betitelte ihren Text über weibliche Selbstbestimmung »Becoming the Third Wave«, und gründete die Organisation Third Wave Direct Action. Die dritte Welle setzte einen starken Akzent auf die Analyse von Geschlechterbildern in der Popkultur, also zum Beispiel in Videoclips, Fernsehserien oder Computer-Games. Sie ging nicht mehr davon aus, dass alle Frauen gleich sind, und damit auf die gleiche Weise unterdrückt werden, sondern dass es sehr viele verschiedene Identitäten gibt. Zwei Schlüsselwerke waren »Der Mythos Schönheit« von der Journalistin Naomi Wolf und »Backlash« von Susan Faludi. Naomi Wolf beschreibt, wie Frauen heute nicht mehr durch Gesetze, sondern durch unrealistische Schönheitsnormen unterdrückt werden. Susan Faludi deckt auf, wie unter dem Vorwand, dass es mit dem Feminismus schon viel zu weit gegangen sei, seine Errungenschaften den Frauen wieder weggenommen werden sollten. In Deutschland entstand wenig später die Strömung des Popfeminismus. Der setzte sich auch mit Geschlechterverhältnissen innerhalb der Popkultur auseinander und thematisierte ähnliche Inhalte wie der Third-Wave-Feminismus.

Manche sprechen von einer **vierten Welle**, die um das Jahr 2011 angefangen habe, als der erste Slutwalk organisiert wurde und sich Frauen über das Netz zusammenschlossen – der erfolgreiche Hashtag #aufschrei Anfang 2013 ist auch ein Zeichen für diese neuen Aktivitäten. Die international ausgerichteten Netzfeministinnen betonen noch stärker als die dritte Welle die Intersektionalität von Feminismus und damit auch die Wichtigkeit von antirassistischen Positionen. Sie setzen sich für die Rechte von SexarbeiterInnen und die Anerkennung aller geschlechtlichen Identitäten ein, insbesondere der von Transpersonen. Wahlfreiheit – der Lebensform und der Ausgestaltung des eigenen Körpers ist für sie ein wichtiges Gut. Beyoncé ist vielen ein Vorbild.

Kapitel 2
Wer könnte es so schön sagen wie sie?

Wer sich mit Feminismus beschäftigt, wird vermutlich irgendwann mit Vorurteilen konfrontiert. Manchmal mit blöden Witzen, aber auch mit bösen Sprüchen oder offener Ablehnung. Gegenüber Frauen im Allgemeinen, gegenüber Feministinnen im Speziellen. Das ist so, seit es Feminismus gibt, und trotzdem haben sich die Feministinnen nie davon beirren lassen. Im Gegenteil: Sie haben sich einen Spaß daraus gemacht, auf all die Klischees und Ängste, die bis heute mit dem Kampf für Gleichberechtigung verbunden sind, ziemlich lustige Entgegnungen zu finden. Gerade in den letzten Jahren haben sich auch viele Stars, die wir aus unseren Lieblingsfilmen und -serien kennen, als Feministinnen geoutet. Eine kleine Auswahl der besten und witzigsten Statements findest du hier. Die kann dir helfen, auf dumme Kommentare oder auch ernstgemeinte Fragen schnelle Antworten zu geben. Vielleicht regt sie dich aber sogar zu eigenen, noch besseren Definitionen an!

»Feministinnen glauben daran, dass Männer und Frauen die gleichen Möglichkeiten haben sollten. Wenn du Feministin bist, glaubst du generell an gleiche Rechte für alle. Das ist ein Konzept, an dem es wohl nichts zu meckern gibt.«
»Feminismus bedeutet nicht, dass die Frauen einen Aufstand machen, den ganzen Planeten unter ihre Kontrolle bringen und allen Männern die Hoden abschneiden werden.« – **Lena Dunham**[1]

»Wenn du klug, ehrgeizig oder abenteuerlustig bist, werden dich die Leute hässlich und nicht liebenswert nennen. Weil sie Angst vor deiner Stärke haben.«

»Du spielst nicht die Nebenrolle in der Geschichte irgendeines Mannes. Du bist die Heldin deiner eigenen Geschichte. Vergiss das niemals.« – *Laurie Penny*[2]

»Feminismus ist kein Schimpfwort. Es bedeutet nicht, dass du Männer hasst, es bedeutet nicht, dass du sonnengebräunte Mädchen mit hübschen Beinen hasst, und es bedeutet nicht, dass du eine ›Zicke‹ oder eine ›Kampflesbe‹ bist; es bedeutet, dass du an Gleichheit glaubst.« – *Kate Nash*

»Hast du eine Vagina? Und willst du selbst darüber bestimmen können? Wenn du beide Fragen mit ›ja‹ beantwortet hast, dann herzlichen Glückwunsch – du bist eine Feministin!« – *Caitlin Moran*

»Du musst nicht gegen Männer sein, um für Frauen zu sein.« – *Jane Galvin Lewis*[3]

»Viele Leute denken, Feminismus würde einen Haufen wütender Frauen bedeuten, die so wie Männer sein wollen. Ganz einfach erklärt ist Feminismus jedoch eine Bewegung, die Sexismus, sexistische Ausbeutung und Unterdrückung abschaffen will.« – *bell hooks, Feminism is for Everybody*

»Aber ja, klar! Ich liiieeebe Männer. War es nicht das, was Feministinnen immerzu sagen müssen?« – *Eva Lundgren*[4]

»Natürlich habe ich keine Angst davor, Männer einzuschüchtern. Der Typ Mann, der von mir eingeschüchtert wäre, ist genau der Typ Mann, der mich in keinster Weise interessiert.« – *Chimamanda Ngozi Adichie*

»Ich bin Feministin. Ich lebe schon ziemlich lange als weibliches Wesen. Daher wäre es dumm von mir, nicht auf meiner eigenen Seite zu sein.« – *Maya Angelou*

»Ich konnte noch nie herausfinden, was Feminismus genau sein soll: Ich weiß nur, dass die Leute mich Feministin nennen, wenn ich Gefühle äußere, die mich von einem Fußabstreifer unterscheiden.« – *Rebecca West*[5]

»Als Erwachsene habe ich festgestellt, dass es das Schlimmste überhaupt ist, wenn Frauen sich gegenseitig fertigmachen, also fast so schlimm, wie immer ›also‹ zu sagen und ein Baby in den Müll zu werfen.« – *Tina Fey*

»Wenn ein Mann seine Meinung sagt, ist er ein Mann. Wenn eine Frau ihre Meinung sagt, ist sie eine Zicke.« – *Bette Davis*

»Als ich das letzte Mal im Wörterbuch nachgeschaut habe, habe ich nichts dazu gefunden, dass die Menge von Sex, die eine Frau hat, es rechtfertigt, dass man ihr ein Etikett wie einer Suppendose verpasst.« – *Meggie Royer, Dichterin*

»Ein Mann hat mir gesagt, für eine Frau sei ich ja ziemlich meinungsstark. Ich sagte ›Für einen Mann sind Sie ziemlich dumm‹.« – *Anne Hathaway*[6]

»Wir lernen, dass der einzige Weg, als Mädchen selbst ein Rockstar zu werden, darin besteht, ein Groupie zu sein, deine nackten Brüste zu zeigen und für eine Nacht erwählt zu werden. Wir lernen, dass wir nur durch Männer etwas erreichen können. Und das ist eine Lüge.«
– *Kathleen Hanna*

»Ich bin lieber eine schlechte Feministin als gar keine Feministin.«
– *Roxane Gay*

»Bedeutet Feministin zu sein eine raumfüllende, unangenehme Person zu sein, die andere Leute anschreit und daran glaubt, dass Frauen menschliche Wesen sind? Wenn das der Fall ist, will ich auch eine sein!« – *Margaret Atwood*

»Damit eine Frau ernst genommen wird, muss sie dreimal so gut sein wie ein Mann. Zum Glück ist das nicht schwer. – Simone de Beauvoir« – *Gale Martin*[7]

»Feminismus ist die radikale Vorstellung, dass Frauen Menschen sind.« – *Cheris Kramarae and Paula Treichler*

»Eine Frau zu sein ist eine entsetzliche schwierige Aufgabe, denn sie besteht hauptsächlich darin, mit Männern zu Rande zu kommen.«
– *Joseph Conrad*

»Männern wird beigebracht, sich für ihre Schwächen zu entschuldigen, Frauen für ihre Stärken.« – *Lois Wyse*

»Ich wurde Feministin, weil ich keine Masochistin werden wollte.«
– *Sally Kempton*

»Die Ketten der Frauen wurden von Männern geschmiedet, nicht von ihrer Anatomie.« – *Estelle R. Ramey*

»[Feminismus ist] eine sozialistische, politische Anti-Familienbewegung, die Frauen dazu ermutigt, ihre Männer zu verlassen, ihre Kinder zu töten, Hexerei auszuüben, den Kapitalismus zu zerstören und lesbisch zu werden.« – *Pat Robertson*

»Die einzigen Jobs, für die Männer nicht qualifiziert sind, sind menschliche Brutstätte und Amme. Umgekehrt ist der einzige Job, für den Frauen nicht qualifiziert sind, der des Samenspenders.« – *Wilma Scott Heide*

»Ob Frauen besser als Männer sind, kann ich nicht sagen – aber ich kann mit Sicherheit sagen, dass sie nicht schlechter sind.« – *Golda Meir*

»Wissen Sie, als ich mit dem Kino anfing, spielte Lionel Barrymore meinen Großvater. Später spielte er meinen Vater und am Ende meinen Ehemann. Wenn er noch länger gelebt hätte, hätte ich sicherlich seine Mutter gespielt. So ist das in Hollywood. Die Männer werden jünger und die Frauen werden älter.« – *Lillian Gish*

»Ich bin einfach nur ein Mensch, der in einem weiblichen Körper gefangen ist.« – *Elaine Boosler*

»Frauen sind alle bis zu einem gewissen Grad Darstellerinnen von Weiblichkeit / Drag Queens.« – *Susan Brownmiller*

»Sexismus ist eine Gesellschaftskrankheit.« – *Unbekannte Autorin*

»In meinem Herzen denke ich, dass eine Frau nur die Wahl zwischen zwei Dingen hat: Sie ist entweder eine Feministin oder eine Masochistin.« – *Gloria Steinem*[8]

»Wenn die erste Frau, die Gott schuf, stark genug war, um die ganze Welt auf den Kopf zu stellen, dann sollten doch alle Frauen zusammen stark genug sein, sie wieder umzudrehen und richtig zu machen.« – *Sojourner Truth*

»Feministin zu sein heißt, am Leben zu sein.« – *Margaret Cho*

»Jedes Mal, wenn eine Frau für ihre Rechte aufsteht, steht sie auch, ohne es vielleicht zu wissen, ohne es zu behaupten, für alle Frauen auf.« – *Maya Angelou*

»Von Paris bis Peru, von Japan bis Rom ist das dümmste Tier meiner Meinung nach der Mann.« – *Olympe de Gouges*

»Die Tyrannei der Männer ist Ursache fast aller Geisteskrankheiten der Frauen.« – *Mary Wollstonecraft*[9]

»Manch eine wird, das sage ich, in künftigen Zeiten an uns denken.« – *Sappho*

»Weil wir nymphomanisch sind, wenn wir Freude beim Sex haben, und frigide, wenn wir keine haben. Weil wir frustrierte Emanzen sind, wenn wir die Stimme erheben, weil wir ungeduldig sind, wenn wir zu viele Fragen stellen, unweiblich, wenn wir für unsere Rechte kämpfen, und schwach, wenn wir es nicht tun ... Deshalb sind wir Feministinnen.« – *Helene Klaars jüngerer Sohn*[10]

»Viele erfolgreiche Männer haben keinerlei sichtbare Qualifikation. Außer der, keine Frau zu sein.« – *Virginia Woolf* [11]

»Manche Frauen entscheiden sich dafür, Männern zu folgen, manche folgen ihren Träumen. Wenn du darüber nachdenkst, für welchen Weg du dich entscheiden sollst, dann denke daran, dass deine Karriere nie morgens aufwachen und dir sagen wird, dass sie dich nicht mehr liebt.« – *Lady Gaga*

»Auch wenn du dir nur eine einzige Sache merkst, denk immer daran, dass die wichtigste Schönheitsregel ist: Wen juckt's.« – *Tina Fey*

»Ich bin tough, ich bin ehrgeizig, und ich weiß genau, was ich will. Wenn mich das zur Zicke macht, okay.« – *Madonna*

»Das Traurigste, was ein Mädchen machen kann, ist, sich für einen Typen dümmer zu stellen als sie ist.« – *Emma Watson* [12]

»Ich will junge Frauen in ihren 20ern unterstützen und ihnen sagen: Ihr bildet euch das nicht ein. Es ist hart. Alles, was ein Typ einmal sagt, müsst ihr fünfmal sagen.« – *Björk*

»Eine Frau, die schreibt, hat Macht, und eine Frau, die Macht hat, wird gefürchtet.« – *Gloria E. Anzaldúa* [13]

Kapitel 3
Zahlen, Daten und Fakten

Viele Mädchen haben das Gefühl, dass es ihnen heute nicht schlechter geht als den Jungs. Im Gegenteil: Sie haben den Eindruck, dass sie alles erreichen können, weil sie super sind. Sie haben per Gesetz die gleichen Rechte, oft die besseren Noten, ein großes Netzwerk an FreundInnen, die sie unterstützen, und dann gibt es ja sogar noch Förderprogramme, die sich speziell um Mädchen kümmern. Das ist großartig, weil es zeigt, wie weit wir seit den Anfängen des Feminismus schon gekommen sind. Trotzdem gibt es leider noch viele Zahlen und Fakten, die darauf hinweisen, dass wir doch noch nicht ganz im Paradies der Gleichberechtigung angekommen sind. Viele davon fallen uns im Alltag überhaupt nicht auf, weil wir beispielsweise so sehr daran gewöhnt sind, dass Frauen weniger als Männer verdienen, sich dabei aber mehr um den Haushalt kümmern. Oder dass Frauen in Filmen hauptsächlich gut aussehen sollen, während Männer die wirklich wichtigen Dinge – wie Sprechen und Handeln – übernehmen. Oder dass eine erschreckend große Zahl weiblicher Wesen irgendwann im Leben Opfer männlicher Gewalt wird. Die hier aufgereihten Zahlen und Fakten wirken nüchtern, sind aber gerade wegen ihrer statistischen Neutralität so explosiv. Denn sie zeigen sehr klar, was heute alles noch schiefläuft. Falls dir also irgendwann jemand erzählen möchte, dass Feminismus heute nicht mehr notwendig wäre, oder dass es mit der Frauenemanzipation mittlerweile ja viel zu weit gehe, kannst du schnell ein paar passende Statistiken aus dem Hut zaubern. Oder du kannst anhand dieses Überblicks überlegen, wo du am meisten Handlungsbedarf siehst, und selbst für eine Verbesserung der Situation aktiv werden.

Namenswahl bei der Heirat (2010)

- Nachname des Mannes: 80 %
- Nachname der Frau: 5 %
- beide behalten ihren Namen: 15 %[14]

Geld

Vermögen von Männern und Frauen in PartnerInnenschaften (Studie DIW 2013):
- Männer besitzen im Durchschnitt 33 000 Euro mehr als ihre Partnerinnen[15]

Vermögen von Frauen weltweit:
- Frauen besitzen nur 1 % des globalen Vermögens[16]

Rente von Frauen und Männern:
2012:[17]
- Männer: 1017 Euro / Monat
- Frauen: 554 Euro / Monat
2015:[18]
- Männer: 1065,5 Euro / Monat
- Frauen: 695 Euro / Monat

Gender Pay Gap:

- Frauen in Deutschland verdienten 2014 22 % weniger als Männer
- In der EU 2013 im Vergleich:
  - In Estland 30 % weniger
  - In Italien 7 % weniger
  - In Slowenien 3 % weniger[19]

Arbeit

Frauen und Männer, die in Teilzeit arbeiten (2014):

- Frauen: 58 %
- Männer: 20 %[20]

So lange arbeiten Frauen und Männer pro Tag durchschnittlich im Haushalt:

Deutschland:

- Frauen: 163,9 Minuten
- Männer: 89,9 Minuten

Indien:

- Frauen: 298,2 Minuten
- Männer: 18,5 Minuten

Schweden:

- Frauen: 94,8 Minuten
- Männer: 79,4 Minuten[21]

Anteil von Frauen als Gründerinnen in der Start-Up-Szene:

- Chicago: 30 %
- Singapur: 19 %
- Berlin: 9 %[22]

Frauenanteil in bestimmten Berufen (2010):
- Kindergärtnerin: 95,5 %
- Bankfachleute: 54,6 %
- UnternehmerInnen, GeschäftsführerInnen: 21,4 %
- MaurerInnen: 0,4 %[23]

Elternzeit:
- So viele Väter gehen in Elternzeit: 32,3 %[24]
- Von diesen Vätern nehmen nur die Mindestdauer von zwei Monaten Elternzeit: 79 %

Durchschnittliche Höhe des Elterngeldes von vor der Geburt Berufstätigen nach Geschlecht:
- Frauen: 900 Euro
- Männer: 1249 Euro[25]

Frauen in Spitzenpositionen in Unternehmen:
Deutschland:
- Frauenanteil in den Vorständen der Top 200 Unternehmen in Deutschland: 6,3 %
- Frauenanteil in Aufsichtsräten der Top 200 Unternehmen in Deutschland: 19,7 %
- Frauenanteil in Führungspositionen in Deutschland: 21,3 %
- Anteil der größten Unternehmen in Deutschland mit Frauen im Vorstand: 11,2 %

International:
- Frauenanteil in den Vorständen der größten börsennotierten Unternehmen in der EU-27: 16 %
- Frauenanteil in Vorständen von Unternehmen in Norwegen: 34 %
- Frauenanteil in Vorständen von Unternehmen in Italien: 15 %

Gewalt

Frauenhäuser in Deutschland (Bericht 2012):
- 353 Frauenhäuser, 40 Schutz- bzw. Zufluchtswohnungen
- 6000 Plätze
- 15000–17000 Frauen werden hier jährlich aufgenommen, mit ihren Kindern suchen hier also 30000–34000 Personen jährlich Schutz vor Männergewalt[26]

Frauen in Europa, die seit dem 15. Lebensjahr Gewalt erfahren haben:
- Dänemark: 52 %
- England: 44 %
- Deutschland: 35 %
- EU: 33 %

Vergewaltigungen in Deutschland (Studienzeitraum 2001–06):
- jährlich 1000 Verurteilungen
- nur 13 % der Anzeigen enden mit Verurteilungen
- Quote von vermutlichen Falschbeschuldigungen: 3 %[27]

Frauen, die nach erlittener sexueller Gewalt die Polizei einschalten (Deutschland):
- 8 %[28]

Körper

Mädchen und Jungen, die bereits eine Diät gemacht haben (2009):
11 Jahre:
- Mädchen: 16 %
- Jungs: 8 %

17 Jahre:
- Mädchen: 49 %
- Jungs: 11 %[29]

Körperempfindung als ein wenig oder viel zu dick (2013/2014):
11 Jahre:
- Mädchen: 27,8 %
- Jungs: 21,2 %

15 Jahre:
- Mädchen: 49,6 %
- Jungs: 25,0 %[30]

Genderpricing:
Mehrkosten für Produkte und Dienstleistungen, die an Frauen gerichtet sind (Verbraucherzentrale Hamburg, Mai 2015):
- Rasierartikel: im Schnitt 43 % teurer
- Eau de Toilette: im Schnitt 43 % teurer
- Friseurleistungen: bis zu 71 % teurer
- Reinigung: bis zu 83 % teurer[31]

Bildung

Frauenanteil nach Bildungsabschlüssen:

- AbiturientInnen (2013): 54,6 %[32]
- Abschlussprüfungen an Universitäten (2012) insgesamt: 53,8 %
- Lehramt: 72,7 %
- Promotionen: 45,4 %
- Habilitationen: 27 %[33]

Frauenanteil an der deutschen ProfessorInnenschaft:

- Hauptberufliche Universitätsprofessuren: 20,1 %
- ProfessorenInnenschaft (alle Hochschultypen) allgemein: 22 %
- Sprach- und Kulturwissenschaften: 37,5 %
- Kunst, Kunstwissenschaft: 30,9 %
- Mathematik, NaWi: 15,5 %
- Ingenieurswissenschaften: 10,9 %[34]

Kultur

Auswertung von 120 Filmen in den zehn wichtigsten Filmländern 2014:

- Verhältnis der sprechenden oder namentlich benannten Charaktere (insges. 5799 Filmfiguren) nach Geschlecht
  - Männer: 69,1 %
  - Frauen: 30,9 %
- Filme mit weiblicher Hauptfigur oder wichtiger weiblicher Nebenfigur:
  - 23,3 %

- Regie nach Geschlecht (insges. 1452 FilmemacherInnen):
  - Männer: 93 %
  - Frauen: 7 %
- SchauspielerInnen in sexy Kleidung:
  - Männer: 9,4 %
  - Frauen: 24,8 %
- SchauspielerInnen dünn:
  - Männer: 15,7 %
  - Frauen: 38,5 %
- SchauspielerInnen halbnackt oder nackt:
  - Männer: 11,5 %
  - Frauen: 24,2 %[35]

Frauen in den Medien (allgemein):
- DrehbuchautorInnen von Spielfilmen in den USA:
  - Frauen: 15 %
  - Männer: 85 %[36]
- Weibliche Führungskräfte im öffentlich-rechtlichen Rundfunk in Deutschland 2013: 29,3 %[37]
- Bezahlung von Frauen: nur 77 % des männlichen Lohns[38]
- Anteil Frauen von Regiestudiengängen in Deutschland: 42 %
- Anteil weibliche Regie Spielfilme in ARD und ZDF: 11 %
- Anteil weibliche Regie Tatort / Polizeiruf: 9 %[39]
- Weibliche Hauptfiguren in Computer-Games (2012): 4 %[40]
- Anteil der Frauen in der Top 100 der weltweit erfolgreichsten KünstlerInnen (2016): 14 %
- Anteil der Frauen in der Top 10 der weltweit erfolgreichsten KünstlerInnen (2016):1 %[41]

Frauen in den Medien weltweit (Global Media Monitoring
Project 2015):

- Nur 24 % der weltweit in den wichtigsten Nachrichtenmedien (Print, Radio, TV) dargestellten Personen sind weiblich
- Anteil von Frauen als TV-Präsentatorinnen nach Altersgruppen:
  - unter 12 Jahren: 100 %
  - 13–18 Jahre: 82 %
  - 19–34 Jahre: 84 %
  - 35–49 Jahre: 49 %
  - 50–64 Jahre: 28 %
  - über 65 Jahre: 0 %
- Anteil der Nachrichtenbeiträge, die Frauen in den Fokus stellen: 10 %
- Anteil der Nachrichtenbeiträge, die Geschlechterklischees in Frage stellen: 4 %[42]

Politik

Frauenanteil in ausgewählten nationalen Parlamenten
(1. Kammer) zum 1. September 2015:

- Ruanda: 63,8 %
- Bolivien: 53,1 %
- Schweden: 43,6 %
- Äthiopien: 38,8 %
- Deutschland: 36,5 %[43]

Kapitel 4
Verschiedene Feminismen

Es gibt nicht *den* einen Feminismus. Auch wenn sich die meisten Menschen einig sein dürften, dass es im Feminismus um die Gleichberechtigung von Frauen und Männern geht. Irgendwie. Denn es fängt schon damit an, dass manche Feministinnen finden, dass niemand genau sagen könne, was Gleichberechtigung bedeuten soll, da wir nicht alle gleich sind und daher unterschiedliche Bedürfnisse haben. Denn manche sitzen im Rollstuhl, andere wollen Astronautin werden, viele sind dick und unzählige tragen Kopftuch. Sie alle laufen Gefahr, irgendwann einmal auf Vorurteile zu stoßen, die damit zu tun haben, dass sie weiblichen Geschlechts sind, aber eben nicht nur damit. Es gibt also sehr viele feministische Strömungen, die mal eng miteinander verbunden sind, mal aber sehr unterschiedlich oder sogar gegensätzlich sein können. Feminismus ist eben wie jede soziale Bewegung immer im Fluss und lebt davon, wer welche Einflüsse und Ideen mit einbringt. Manche Strömungen werden schwächer oder sterben ganz aus, andere werden stärker, je nachdem, wer sich wie engagiert und auf welche gesellschaftlichen Verhältnisse gerade reagiert wird. Deswegen könnte man es fast lustig finden, wenn auf *den* Feminismus oder *die* Feministinnen geschimpft wird, denn wer kann genau sagen, welche Art von Feminismus damit gerade gemeint ist? Falls du einmal in eine Situation kommst, in der Feminismus so allgemein kritisiert wird, könntest du dir einen Spaß daraus machen und nachfragen, was dieser schlimme Feminismus denn genau ist. Meistens stellt sich dann heraus, dass die KritikerInnen sehr wenige oder sehr eigene Vorstellungen von dieser Bewegung haben. Oder du fragst nach, welche Art von Feminismus denn nun genau in der Kritik stünde: eher der Anarchafeminismus, der Lipstick Feminism oder doch der Xenofeminismus? Damit du selbst optimal darüber informiert bist, folgt hier eine Kurzbeschreibung verschiedener aktueller feministischer Ausrichtungen. Aber wundere dich nicht, wenn du irgendwo auf einen Feminismus stößt, von dem hier nichts steht – es gibt noch viel mehr Strömungen, und es kommen immer wieder neue dazu! Vielleicht hast du auch Lust, irgendwann deine eigene zu erfinden?

Anarchafeminismus

Verbindet Anarchie (Ablehnung von jeder Hierarchie und der Unterdrückung von Freiheit) und Feminismus miteinander. Kam in den 1970er Jahren in den USA auf, in Anlehnung an den Radikalfeminismus und in Abgrenzung zum bürgerlichen Feminismus. Spricht sich gegen autoritäre Strukturen, Kapitalismus und die patriarchale Institution der Ehe sowie für freie Liebe aus.

»Wie viel Unabhängigkeit ist erreicht, wenn die Masse der arbeitenden Frauen und Mädchen die Borniertheit und den Mangel an Freiheit zu Hause eintauscht gegen die Borniertheit und den Mangel an Freiheit in der Fabrik, den Ausbeutungsbetrieben, im Kaufhaus oder Büro?«[44]

Black Feminism

Feministische Bewegung schwarzer Frauen. Entwickelte sich in den 1960er Jahren in den USA aus der schwarzen Bürgerrechtsbewegung, die zu wenig über Sexismus in ihren Reihen nachdachte, und der weißen Frauenbewegung (Zweite Welle), die zu wenig den eigenen Rassismus und auch Klassismus thematisierte. Daher fühlten sich schwarze Frauen in beiden nicht richtig zu Hause. 1973 Gründung der National Black Feminist Organisation in New York. Die berühmte Schriftstellerin Alice Walker (»Die Farbe Lila«) erfand hierfür auch das Wort »Womanism« statt Feminismus.

»Ich bin eine schwarze Feministin. Damit meine ich, dass ich erkenne, dass sowohl meine Stärke wie auch meine Unterdrückung aus meinem Schwarzsein und meinem Frausein entstehen, und deswegen sind meine Kämpfe an diesen beiden Fronten untrennbar.«
– *Audre Lorde*[45]

Carceral Feminism

Auf Deutsch so etwas wie »Kerkerfeminismus«. Negative Bezeichnung für einen Feminismus, der auf gesetzliche Regulierungen und rechtliche Strafen setzt, um sexistischen Diskriminierungen und Gewalt gegen Frauen ein Ende zu setzen. Ist in der Regel gegen Sexarbeit und Pornographie und wird daher auch oft »sexnegativ« genannt (in Abgrenzung zum sexpositiven Feminismus).

»Feministinnen, die gegen die Sexindustrie sind, wird vorgeworfen, sie seien ›sexnegativ‹, weil wir finden, dass Sex stets lustvoll und nicht ausbeuterisch sein sollte. (...) ›Carceral Feminism‹ wird benutzt, um jede Feministin zu bezeichnen, die daran glaubt, dass das Rechtssystem Frauen schützen und unterstützen sollte, die Opfer von Vergewaltigung oder anderen Formen männlicher Gewalt werden (obwohl viele von uns, ich selbst eingeschlossen, gegen die Inhaftierung von gewaltlosen Straftätigen sind).« – *Penny White*[46]

Cyberfeminismus

Entstand Anfang der 1990er Jahre ungefähr gleichzeitig mit der Verbreitung des Internet. Cyberfeminismus hat eine positive Sicht auf die Möglichkeiten des Cyberspace und digitaler Technologien, die Einschränkungen geschlechtlicher Identitäten aufzulösen und den eigenen (geschlechtslosen) Körper durch den Anschluss an Maschinen zu verbessern. Widersetzt sich damit älteren feministischen Ansichten, die Technologie als männliche Herrschaftsstrategie kritisierten. Es gibt keine einheitliche Definition von Cyberfeminismus, dafür eine starke künstlerische und philosophische Ausrichtung.

»Wir sind ein Virus der neuen Weltunordnung / indem wir das Symbolische von innen zerstören / Saboteurinnen des Big-Daddy-Großrechners / die Klitoris ist eine direkte Verbindung zur Matrix.«[47]

Choicefeminismus

Wahlfeminismus. Neuere negative Bezeichnung für einen Feminismus, der alles, was eine Frau (vermeintlich) selbstbestimmt wählt, als feministisch etikettiert. Sei es eine Karriere als Gleichstellungsbeauftragte, eine Brustvergrößerungs-OP oder die Entscheidung, Hausfrau zu werden und damit wirtschaftlich von einem Mann abhängig zu sein. Die Logik dahinter lautet: Es ist feministisch, weil ich sage, dass es feministisch ist. Kritik am Choicefeminismus entzündet sich vor allem daran, dass er keine Grundlage mehr für gemeinsame politische Forderungen bietet, weil alle Entscheidungen ins Individuelle verlagert werden. Und dass fast nie ganz selbstbestimmt gewählt werden kann, sondern alle Entscheidungen auch von gesellschaftlichen Vorstellungen beeinflusst sind. Zum Beispiel: »Ein großer Busen gilt als schön, ich muss doch als Frau für meinen Mann und meine Kinder sorgen.«

»I choose my choice! I choose my choice!« (»Ich wähle meine Wahl«) –
Charlotte aus der TV-Serie »Sex and the City«, Season 4, Episode 7 [48]

Dekonstruktiver Feminismus

Ging Anfang der 1990er Jahre aus dem Gleichheitsfeminismus hervor, wurde manchmal auch als Postfeminismus bezeichnet. Hier wird jede Vorstellung von ›natürlichen‹ Unterschieden zwischen Frauen und Männern ›dekonstruiert‹, also grundlegend auseinandergenommen und in Frage gestellt. Bekannteste Vertreterin ist die amerikanische Philosophin Judith Butler. Sie sagt, dass nicht nur das soziale Geschlecht, also Gender, durch gesellschaftliche Normen hergestellt sei, sondern auch das biologische Geschlecht. Es gebe so viele unterschiedliche Geschlechter und Identitäten, wie es Menschen gibt.

»Die Naturalisierungen der Heterosexualität wie auch der männlichen sexuellen Aktivität sind diskursive Konstruktionen.«[49]

Differenzfeminismus

Geht davon aus, dass Männer und Frauen grundsätzlich verschieden sind (im Gegensatz zum Gleichheitsfeminismus). Wird manchmal auch Essentialistischer Feminismus genannt, weil hier den Menschen »essentielle«, also von Natur aus festgelegte Eigenschaften zugeschrieben werden. Frauen hätten u. a. durch die Fähigkeit, Mutter zu werden, ganz andere Wesenszüge als Männer (Fürsorglichkeit, Mitgefühl, Geduld etc.) und könnten sich am besten unter ihresgleichen entfalten. Der Differenzfeminismus ist hauptsächlich in der Zweiten Frauenbewegung und auch im Ökofeminismus anzutreffen.

»Die Frau trägt das ganze Menschsein in sich, der Mann trägt das ganze Menschsein in sich, die Menschheit besteht aus zwei Differenten, zwei Absoluten, die nicht ein Eins bilden und die mehr oder weniger nahe beieinander leben (...)« – *Luisa Muraro*[50]

DIY-Feminismus

Do-it-yourself-, also Mach's-selbst-Feminismus. Hat eine Nähe zu anderen Begriffen wie Riot-Grrrl-, Grassroots- oder Anarcha-

feminismus, weil es stark um alltägliche Handlungen, Eigen-
initiative, antiautoritäre Strukturen und praktische Kapitalis-
muskritik geht. Das Selbermachen kann politische Aktionen
von der Basis aus genauso meinen wie kreative (Hand-)Arbeiten
im Dienst des Feminismus: Musik machen, Festivals bzw. Ladyfeste organisieren, Radical-Crafting-Aktivitäten, Workshops,
Hausbesetzungen durchführen, und so weiter.

»Im DIY-Feminismus geht es darum, dass alle Feminismus machen
und Veränderungen bewirken können, wie klein diese auch erst mal
aussehen mögen. Es bedeutet, dass man nicht auf andere wartet,
auf ›Profis‹ oder PolitikerInnen, um die Welt frauenfreundlicher
zu machen und die Probleme, die aus Sexismus entstehen, lösen zu
können.« – **Nina Nijsten**[51]

Femonationalismus

Für die meisten Feministinnen hat diese Strömung nichts mit
Feminismus zu tun, sondern ist eine Strategie, die feministische
Begriffe missbraucht, um eine nationalistische und rassistische
Politik durchzusetzen. FemonationalistInnen behaupten, dass
nicht-westliche, muslimische Männer, die bei uns als Migran-
ten leben, Frauenrechte nicht achten würden. Deswegen sollten
sie nicht mehr zu uns kommen dürfen, während sie selbst die
Frauen dieser Männer als billige Arbeitskräfte für Pflege- und
Putzarbeiten ausbeuten.[52]

Gleichheitsfeminismus

Im Gegensatz zum Differenzfeminismus geht der Gleichheitsfeminismus davon aus, dass es keine grundlegenden Unterschiede zwischen den Geschlechtern gibt. Sondern dass die Unterschiede, die wir im Alltag sehen, durch ungleiche Machtstrukturen, Erziehung und Vorurteile hervorgebracht werden. Das Ziel dieses Feminismus ist es, alle diese Zuschreibungen, die sich auf das Geschlecht beziehen, abzuschaffen, so dass alle alles machen und sein können, unabhängig, ob Mann oder Frau.

»Man wird nicht als Frau geboren, man wird es«.
– *Simone de Beauvoir*

Grassroots Feminism

Graswurzelfeminismus – ein Feminismus, der von unten kommt und mit den jeweiligen örtlichen Begebenheiten arbeitet statt mit etablierten Strukturen oder Organisationen wie Parteien oder Gleichstellungsbüros. Setzt auf kleine Gesten im Alltag statt auf das Verbreiten von Theorien oder Visionen. Mit dem DIY-Feminismus verwandt.

»Eine Aktivistin zu sein muss nicht kompliziert sein oder dir viele Opfer abverlangen – es kann schon damit anfangen, Unterhaltungen in deiner Umgebung zu beeinflussen. Wenn du sagst ›Das ist nicht lustig‹, wenn jemand einen rassistischen (oder sexistischen oder homophoben) Witz macht, kann das schon der Anstoß zu einer Veränderung sein«. – *Jennifer Baumgardner und Amy Richards*[53]

Intersektionaler Feminismus

Intersektion bedeutet Überschneidung, Kreuzung. Ein Feminismus, der mitbedenkt, dass Frauen nicht nur aufgrund ihres Geschlechts unterdrückt werden, sondern dass es noch viele andere Faktoren gibt, die zu Diskriminierungen führen. Manche dieser Faktoren – wie Race, Class, sexuelle Orientierung, körperliche Befähigungen, Religion etc. – verstärken sich gegenseitig, wenn zum Beispiel schwarze Frauen aufgrund ihrer schlechteren Ausbildungschancen stärker von Armut betroffen sind und daher auf mehreren Ebenen diskriminiert werden. Die amerikanische Professorin Kimberlé Crenshaw ›erfand‹ den Begriff Intersektionalität 1989, das Konzept gab es aber schon vorher. Denn auch die Black Feminists hatten ja die Erfahrung der Mehrfachdiskriminierung gemacht.

»Ich werde immer weiter über diese Überschneidungen schreiben, als Autorin und Lehrerin, als schwarze Frau, als schlechte Feministin, bis ich spüre, dass das, was ich will, nicht länger unmöglich ist. Ich will nicht länger daran glauben, dass diese Probleme für uns zu kompliziert zu verstehen sind.« – *Roxane Gay, Bad Feminist*

oder:

»There is no such thing as a single-issue struggle because we do not live single-issue lives.« – *Audre Lorde*

Hashtag Feminism

Ein Online-Feminismus, der mit Hashtags auf Twitter Aufmerksamkeit für feministische Anliegen schafft. Daher mit dem Netzfeminismus verwandt. Wird mitunter als zu kurzlebig kritisiert, konnte aber mit prominenten Hashtags wichtige Themen auch in den traditionellen Medien platzieren (siehe »#aufschrei«, Kapitel 18).

»Wir malen uns Hashtag Feminism als den Bentley unter den feministischen Medien aus, mit Beyoncé gemütlich auf dem Beifahrersitz. Bei uns fährt nur Qualität mit«. – *Tara L. Conley, Gründerin der Website Hashtagfeminism.com*[54]

Karrierefeminismus

Wenn sogenannte Powerfrauen nicht hinter mächtigen Männern zurückstehen und genauso machtvoll und reich wie sie werden wollen. Wird dafür kritisiert, dass er nichts an den bestehenden patriarchalen, kapitalistischen Strukturen ändern will, die die Welt in arm und reich teilen, sondern nur einigen wenigen, meist sowieso schon privilegierten Frauen den Aufstieg erleichtern soll.

»In einer wahrhaft gleichberechtigten Welt würden Frauen die Hälfte aller Länder und Unternehmen führen und Männer die Hälfte aller Haushalte. (...) Die Regeln der Ökonomie und viele Studien zu Diversität besagen, dass sich unsere kollektive Leistung verbessert, wenn wir die gesamten personellen Ressourcen und Talente ausschöpfen«.[55]

Lipstick Feminism

Lippenstiftfeminismus. Eher scherzhafte Bezeichnung für einen betont glamourösen Feminismus. Kam in Zeiten der dritten Welle in den 1990ern auf, als sich Feministinnen lange verpönte Symbole von Weiblichkeit – wie eben Lippenstift, Netzstrümpfe, High Heels etc. – wieder aneigneten. BefürworterInnen argumentieren, dass diese frei gewählten Attribute Weiblichkeit feiern und daher zu ihrem Empowerment beitragen. KritikerInnen dagegen sagen, dass Frauen sich damit selbst zum Objekt machen und ihre Handlungsfähigkeit verlieren.

»Ich glaube an Glamour und Sinnlichkeit und daran, diese Werkzeuge im Alltag zu benutzen – und nicht nur, um für Männer eine Show abzuziehen. Sinnlichkeit, Glamour und Erotik sind Dinge, an denen wir teilhaben sollten, weil wir sie genießen. (...) Ich mag es, wenn man mir meine Weiblichkeit zugesteht. Aber ich bin auch unabhängig und habe Macht«. – *Dita von Teese*[56]

Marxistischer Feminismus

Kombination aus Marxismus (bezieht sich auf die Lehren von Karl Marx, der auf eine klassenlose, gerechte Gesellschaft hoffte) und Feminismus. Marxistische FeministInnen kritisieren wie Marx die Ausbeutung vieler Menschen durch den Kapitalismus, von der einige wenige profitieren, aber sie beschäftigen sich besonders mit der Rolle der Frauen. Vor allem die unbezahlte Arbeit, die Frauen im Haushalt leisten und die den Männern den Rücken zum Geldverdienen freihält (die sogenannte reproduktive Arbeit), steht bei ihnen im Focus. Manche forderten daher einen Hausfrauenlohn.

»Wenn unsere unbezahlte Arbeit der Grund für unsere Machtlosigkeit in Bezug auf die Männer und das Kapital ist, (...) dann ist Lohn für diese Arbeit, der uns auch erlauben würde, diese Arbeit zu verweigern, unser Machthebel.«[57]

Netzfeminismus

Feministischer Aktivismus, der sich über das Internet oder andere digitale Technologien organisiert und durch die breite Verfügbarkeit dieser Mittel sehr schnell sehr viele Leute erreichen kann. Beschäftigt sich auch mit Ungleichheiten oder Diskriminierungen, die im virtuellen Raum passieren, wie z. B. Trolling oder Hasskommentare. Wurde in Deutschland vor allem durch den Hashtag #aufschrei im Jahr 2013 einer größeren Öffentlichkeit bekannt. Die Anliegen von NetzfeministInnen können ganz unterschiedlich sein, stimmen aber oft mit denen des Intersektionalen Feminismus überein.

»Früher wurde mit Mailinglisten gearbeitet, heute gibt es Datenbanken. Die Anliegen sind die gleichen, nur die Technik wird anders«.
– *Katrin Rönicke*[58]

Ökofeminismus

Mit dem Differenzfeminismus verwandt. Ökofeministinnen gehen davon aus, dass Frauen aufgrund ihrer Fähigkeit, Leben zu gebären, eine ›natürliche‹ Verbindung zur Natur haben und sie daher auch besser schützen können. Umweltzerstörung wird als typisch männliches Verhalten gesehen, die als Parallele zu deren Ausbeutung von Menschen im Allgemeinen bzw. Frauen im Speziellen gelesen werden kann.

»Indem wir dieses Patriarchat herausfordern, sind wir loyal gegenüber den nachfolgenden Generationen, dem Leben und dem Planeten an sich. Wir haben ein tiefes und besonderes Verständnis von beidem durch unsere Natur und unsere Erfahrung als Frauen.«[59]

Popfeminismus

Wurde oft als eine Art »Feminismus light« missverstanden. Ist aber mit seiner Hinwendung zur Popkultur nicht unpolitisch, sondern untersucht vielmehr die massenwirksamen Geschlechterkonstruktionen im Pop mit feministischem Besteck. Der Begriff kam in den 1990er Jahren in Deutschland auf, wird aber seit der neueren Hinwendung amerikanischer Superstars wie Beyoncé oder Taylor Swift zum Feminismus auch in der englischen Sprache gebraucht (bezeichnet dort aber eher den populären Feminismus großer Stars).

»Nicht die viel strapazierte weibliche Haut muss wieder zu Markte getragen werden, um der Oberfläche Pop mit einer adäquat zugerichteten femininen Oberfläche das Prinzip Feminismus schmackhaft zu machen, sondern umgekehrt sollte Popkultur durch feministische Strategien perforiert und erschüttert werden«.
– *Sonja Eismann*[60]

Radikalfeminismus

Geht davon aus, dass wir in einer patriarchalen Gesellschaft leben, in der Frauen seit jeher von Männern unterdrückt werden. Da diese Unterdrückung zentral ist und auch alle anderen sozialen Beziehungen und Machtverhältnisse beeinflusst, muss es eine Revolution zur Abschaffung des Patriarchats für die Befreiung von allen geben. Entstand in den 1960er und 70er Jahren aus der Frauenbewegung und setzte sich für reproduktive Rechte und gegen sexuelle Gewalt, Sexarbeit und Pornographie ein, weil Frauen hier von Männern wie Objekte behandelt würden.

»Pornographie ist die Theorie und Vergewaltigung ist die Praxis.«
– *Robin Morgan*[61]

Queerfeminismus

Kombination aus Queertheorie und Feminismus. Queer ist ein englisches Wort, das einerseits »merkwürdig, eigen« bedeuten kann und früher als Schimpfwort für Schwule benutzt wurde. Heute ist es eher als selbstbewusste Eigenbezeichnung von

Menschen bekannt, die nicht nach heterosexuellen Normen leben und lieben. Man könnte es wohl als »verque(e)r zu den herrschenden Verhältnissen stehend« übersetzen. Unter Rückgriff auf die Theorien des Dekonstruktiven Feminismus und der Queertheorie gehen die QueerfeministInnen davon aus, dass Geschlecht und sexuelle Identität nicht angeboren, sondern gesellschaftlich gemacht sind. Deswegen steht auch nicht der Gegensatz von männlich und weiblich wie im Differenz- oder Radikalfeminismus im Vordergrund, sondern eher die Komplexitäten sexueller Identitäten und die damit einhergehenden Ein- und Ausschlüsse.

»queer_feminismus ist handeln gegen sexismus als interdependentes machtverhältnis. widerstand gegen sexismus kann und will also nicht vom widerstand gegen rassimus, ableismus, klassismus oder dem machtverhältnis, welches körpernormen hervorbringt, getrennt werden.« – *Leah Bretz und Nadine Lantzsch*[62]

Sexpositiver Feminismus

Geht davon aus, dass Feministinnen sich auf die lustvollen statt die gewaltvollen Aspekte von Sexualität konzentrieren sollten, weil sexuelle Freiheit ein wichtiger Teil weiblicher Freiheit ist. Formierte sich Anfang der 1980er Jahre als Antwort auf einen Feminismus, der Sexualität hauptsächlich in Bezug auf männliche Gewalt an Frauen wahrnahm. Setzt sich im Gegensatz zu diesem positiv mit Pornographie und Sexarbeit auseinander und findet alle Spielarten von Sex, auch z.B. sadomasochistische, bereichernd, solange alles freiwillig und selbstbestimmt passiert.

»Ich glaube, wir brauchen mehr Freude, Liebe und Orgasmen in dieser Welt. Wir sind eine lustfeindliche Gesellschaft. Leiden ist viel akzeptierter. Und ich will Frauen sagen, dass sie mächtige sexuelle Wesen sind, die meistens aber keine Verbindung dazu haben, weil sie dazu erzogen sind, Männern zu gefallen«. – **Annie Sprinkle**[63]

Staatsfeminismus

Bezeichnet keine feministische Strömung, sondern eine politische Realität, in der Maßnahmen zur Frauenförderung und -gleichstellung gesetzlich verankert sind. Wird einerseits als Errungenschaft der Frauenbewegung gefeiert. Andererseits wird er als Methode kritisiert, die Arbeitskraft von Frauen maximal auszubeuten, damit sie dem Staat nicht auf der Tasche liegen, während die meisten Tätigkeiten im Haushalt und bei der Kinderbetreuung immer noch in ihrer Verantwortung sind.

»Vielleicht haben wir doch nicht die gleichen Vorstellungen von Emanzipation, der Staat und ich. Rund um die Uhr oder aber flexibel und jederzeit abrufbereit zu arbeiten und die Kinder und vielleicht noch die alte, pflegebedürftige Mutter irgendwie dazwischenzuquetschen, war unseres Wissens noch nie erklärtes Ziel einer Frauenbewegung, und wir kennen auch heute eigentlich keine, die sich das wünscht.« – **Lilly Lent und Andrea Trumann**[64]

Transfeminismus

Setzt sich vom Standpunkt von Transfrauen aus für die Befreiung aller Personen von unterdrückerischen Geschlechternormen ein. Obwohl es diese Strömung schon seit den späten 1960er Jahren gibt, ist sie erst in den 00er Jahren bekannter geworden, vor allem auch wegen der scharfen Auseinandersetzungen zwischen klassischeren Feministinnen und Transfeministinnen. Transfrauen wurde von Ersteren oft das Recht, sich mit weiblichen Unterdrückungserfahrungen zu identifizieren, abgesprochen, weil sie nicht als Frauen geboren worden seien und daher nicht dieselben Erfahrungen gemacht hätten. Auch dagegen verwehrt sich der Transfeminismus und weist darauf hin, dass Transpersonen besonderen Diskriminierungen ausgesetzt sind.

»Viele Menschen auf dieser Welt, ich würde sogar behaupten, die Mehrheit, halten mich für ein perverses und verkommenes Individuum, weil ich eine Transsexuelle bin. Bei meiner Geburt war ich männlichen Geschlechts, heute weisen medizinische Unterlagen und offizielle Dokumente mich als weiblich aus, obwohl ich mich selbst nicht als Frau bezeichne und mir bewusst ist, dass ich kein Mann bin.« – *Kate Bornstein*[65]

Women-of-Colour-Feminism

Women-of-Colour-Feminismus, früher auch öfter noch Womanism genannt, kritisiert, dass die Anliegen weißer, gebildeter Frauen aus der Mittelschicht im Feminismus bis jetzt immer als allgemein gültig angesehen wurden und fordert mehr Sichtbarkeit der speziellen Kämpfe von Women of Colour. Denn die sind mit vielfältigen Diskriminierungserfahrungen entlang verschiedener Achsen konfrontiert. Dabei werden unterschiedliche Privilegien und Rassismen thematisiert und darauf hingewiesen, dass Women of Colour nicht »inkludiert« werden müssen, sondern dass sie schon immer ein wichtiger Bestandteil der Bewegung für Frauenrechte waren. Ist dabei dem Black Feminism und dem Intersektionalen Feminismus sehr eng verwandt.

»So lange Frauen Race oder Klasse benutzen, um andere Frauen zu beherrschen, gibt es keine wirkliche feministische Schwesternschaft« – *bell hooks*[66]

Xenofeminismus

Unterzieht den Cyberfeminismus der 1990er Jahre einem Update. Zukunftsweisende, feministische Technologien sollen nun die kapitalistischen Verhältnisse so ›heißlaufen‹ lassen, dass sie von selbst zusammenbrechen und die Bahn frei machen für eine gerechtere, emanzipatorische Welt. Der Weg dahin führt einerseits über die Umarmung der Entfremdung (daher auch der Zusatz »xeno« aus dem Griechischen für »fremd«), des Nichtnatürlichen und des Rationalen. Andererseits über die Abschaffung von Kategorien wie Geschlecht, Rassifizierung oder Klasse, so dass es zu einer »grundlegenden Neugestaltung des Universellen« kommen kann. So steht es im Xenofeministischen Manifest, das mit den Worten endet »Wenn die Natur ungerecht ist, ändere die Natur!«

»Seit dem vorzeitigen Niedergang des Cyberfeminismus hat es wenig ausdrückliche, organisierte Bemühungen gegeben, Technologien für fortschrittliche geschlechter-politische Zwecke zu nutzen. Xenofeminismus macht auf diese Lücke aufmerksam, und ruft zur strategischen Nutzung bestehender Technologien für eine Umgestaltung der Welt unter den gegebenen Umständen auf.«
– *Laboria Cuboniks*[67]

Kapitel 5
Lebens- und Liebesformen

Eigentlich ist das doch ganz einfach: Es gibt Jungs und Mädchen, die werden zu Frauen und Männern, die wiederum verlieben sich ineinander und kriegen viele süße Babys, und die ganze Geschichte geht von vorne los. Von wegen! Sehr viele Menschen fühlen sich in diesen binären Kategorien – binär für Zweiersystem –, die sich immer noch auf allen öffentlichen Formularen und in fast allen Pässen dieser Welt finden, überhaupt nicht zu Hause. Sei es, weil sie mit dem falsch empfundenen Geschlecht zur Welt kamen, weil sie männliche und weibliche Anteile haben, oder weil sie sich überhaupt nicht entscheiden wollen. Auch mit der Liebe ist das sehr viel vielfältiger, als uns traditionelle Vorstellungen von Ehe und Beziehungen weismachen wollen. Es gab schon immer Menschen, die außerhalb dieser Normen gelebt und geliebt haben, oft mussten sie das heimlich tun, und wenn es doch rauskam, wurden sie dafür meist bestraft. Weil es ein Menschenrecht ist, in dem Geschlecht oder den Geschlechtern zu leben, für das oder die man sich entscheidet (oder ganz ohne klares Geschlecht), und Menschen so zu lieben, wie es sich für alle Betroffenen richtig anfühlt, ist die Diskussion um diese Themen ein wichtiges feministisches Thema. Weil Feminismus sich eben für die Emanzipation aller einsetzt und Unterdrückung aufgrund von Geschlechtsidentität und sexuellem Begehren ablehnt. Da sich viele aktuelle feministische Kämpfe an diesen Linien abspielen und das entsprechende Vokabular in den Debatten häufig benutzt wird, ist es gar nicht so verkehrt, darüber Bescheid zu wissen. Die folgende Liste ist jedoch nicht einmal vollständig – sogar Facebook hat auf Betreiben von Interessensgruppen seine Einstellungen so geändert, dass aus 60 verschiedenen Geschlechtsidentitäten ausgewählt werden kann! Und dauernd kommen neue von Menschen hinzu, die sich nicht länger fremddefinieren lassen wollen. Hier ist also einmal für den Anfang ein kurzer Überblick:

Binäre Unterkategorien

Cis(gender) – eine Person, die im Einklang mit dem Geburtsgeschlecht lebt. Cis kommt aus dem Lateinischen und bedeutet »diesseits«. Bezeichnet also als Mädchen geborene Frauen, die als Frauen leben.

Trans(gender) – eine Person, die jenseits des bei der Geburt festgestellten Geschlechts lebt. Trans kommt auch aus dem Lateinischen und bedeutet »jenseits«.

Inter(sexuell) – eine Person, bei der bei der Geburt sowohl weibliche wie auch männliche Geschlechtsanteile festgestellt werden, also die z. B. gleichzeitig Hoden und eine Gebärmutter oder männliche und weibliche Geschlechtschromosomen besitzt. Ab den 1960er Jahren wurden diese Personen oft schon als Babys zwangsoperiert, um sie in eine der beiden gängigen Kategorien männlich / weiblich zu pressen, was oft mit lebenslangem körperlichen und seelischen Leid verbunden war. Seit dem 1. November 2013 gibt es bei Intersexen, die sich mitunter auch Herm(aphroditen) oder Zwitter nennen, keinen Zwang mehr, auf der Geburtsurkunde weiblich oder männlich anzugeben.

Binär – eine Person, die sich dem weiblichen oder dem männlichen Spektrum zugehörig fühlt, egal, mit welchem Geschlecht sie geboren wurde.

Nicht-binär – eine Person, die sich entweder in dem weiblichen, männlichen und weiteren Geschlechtern oder keinem davon zugehörig fühlt.

Nicht-binäre Unterkategorien

Bigender – eine Person, die in sich zwei, also sowohl weibliche wie männliche Anteile vereint.

Genderfluide – in etwa ›geschlechtsflüssig‹, also eine Person, die sich verschiedenen Geschlechtern zuordnen kann.

Agender – Personen, die sich als geschlechtslos oder -neutral empfinden. Manchen von ihnen ist es egal, mit welchen Pronomen – sie, er, es – sie angesprochen werden, manche wünschen sich ganz bestimmte Bezeichnungen.

Gender non-conforming – Personen, die sich anders verhalten, als es ihrem sozialen Geschlecht normalerweise zugeschrieben wird, die damit nicht ›konform‹ gehen. Daher wird oft vermutet, dass z. B. Frauen, die sich ›männlich‹ verhalten, lesbisch wären, was aber nicht der Fall sein muss.

Heterosexuell – wenn sich Frauen und Männer lieben.

Homosexuell / lesbisch / schwul – wenn das jeweils gleiche Geschlecht geliebt wird.

Bisexuell – wenn sowohl Männer als auch Frauen geliebt werden.

Queer – wenn sich jemand nicht innerhalb der Grenzen von traditionellen Geschlechtsidentitäten bewegen will und auch nicht auf deren Grundlage lieben will, die Vorstellung von Geschlecht also quasi gegen den Strich oder auch »quer« bürstet.

LGBTIQ – Abkürzung für lesbian (lesbisch) gay (schwul) bi trans, inter, queer. Ein viel genutzter Überbegriff für die häufigsten ›Abweichungen‹ von der vermeintlichen heterosexuellen Norm, die deswegen immer wieder diskriminiert werden.

Asexuell – wenn es kein sexuelles Begehren für andere gibt, was aber nicht heißt, dass all diese Personen nicht lieben würden oder niemals Sex hätten oder sich davor ekeln würden. Asexuelle Personen können sowohl hetero wie auch LGBTIQ sein.

BDSM – steht für die englischen Wörter Bondage & Discipline, Dominance & Submission, Sadism & Masochism, also Fesselung & Disziplin, Herrschaft & Unterwerfung, Sadismus & Masochismus. Sexuelle Lust wird dabei unter anderem aus dem Zufügen und Aushalten von Schmerz, von Machtspielen oder Bestrafungen gewonnen. Ganz wichtig ist, dass es hierbei genaue Regeln gibt, die alle Beteiligten befolgen, so dass nur das passiert, was abgesprochen wurde.

BDSM-AnhängerInnen können hetero wie auch LGBTIQ sein. Wurde früher stark tabuisiert, weil es als ›pervers‹ galt, ist aber durch den großen Einsatz von Interessensgruppen heute viel akzeptierter.

Polysexuell – Menschen, die sich zu mehreren Geschlechtsidentitäten hingezogen fühlen.

Pansexuell – Menschen, die alle Geschlechtsidentitäten lieben können.

Polyamourös – Menschen, die offen und nach Absprache Beziehungen mit mehreren Personen gleichzeitig führen können und wollen.

Kapitel 6
Was, die auch? Stars und ihre Liebe zum Feminismus

Beyoncé:

»Ich war schon immer Feministin, obwohl ich Angst vor dem Wort hatte, weil die Leute so viel in es hineinlesen, obwohl es doch ehrlich gesagt sehr einfach ist: Es bezeichnet einfach eine Person, die an die gleichen Rechte von Männern und Frauen glaubt. Männer und Frauen halten sich gegenseitig im Gleichgewicht, und wir müssen zu dem Punkt kommen, wo wir uns ganz entspannt gegenseitig schätzen können.«[68]

Taylor Swift:

»So viele Mädchen sagen ›Ich bin keine Feministin‹, weil sie denken, es bedeutet, dass man immer wütend oder schlechtgelaunt oder am Jammern ist. Sie stellen sich vor, dass man die ganze Zeit einen Aufstand oder Streik macht, aber darum geht es gar nicht, es heißt einfach nur, dass man findet, dass Männer und Frauen die gleichen Rechte und Möglichkeiten haben sollten.

Als Teenager habe ich nicht verstanden, dass es, wenn man sagt, dass man Feministin ist, nur bedeutet, dass man hofft, dass Frauen und Männer irgendwann gleiche Rechte und gleiche Möglichkeiten haben sollen. Ich dachte immer, weil es mir in unserer Kultur, unserer Gesellschaft so dargestellt wurde, es heißt, dass man Männer hasst.

Und ich denke, dass gerade viele Mädchen so einen feministischen Erweckungsmoment hatten, weil sie verstehen, was das Wort wirklich bedeutet. So lange wurde es so dargestellt, als würde es bedeuten, dass man gegen das andere Geschlecht Sturm läuft, wobei es doch gar nicht darum geht. Seit ich mit Lena befreundet bin – ohne dass sie mich bekehrt hätte, einfach nur dadurch, dass ich sehe, warum sie das glaubt, was sie glaubt, warum sie sagt, was sie sagt, und warum sie für das steht, wofür sie steht – habe ich verstanden, dass ich immer schon feministisch war, ohne es so zu nennen.«[69]

Nicki Minaj:

»Ich finde es immer wichtig, Frauen zu zeigen, dass sie selbst über ihr Leben bestimmen können. (...) Wenn ich gewinne und wenn ich verliere, stehe ich dazu, weil ich die Kontrolle über das habe, was ich tue. Es gibt eine Menge starker männlicher Rapper, die mich beeinflusst haben in Bezug auf meine Skills, meinen Flow und meinen Geschäftssinn. Aber am Ende des Tages sind es immer noch die Frauen, die ich inspirieren will.

Ich hatte immer dieses weibliche Selbstermächtigungsding im Hinterkopf – weil ich wollte, dass meine Mutter stärker ist, sie es aber nicht sein konnte. Ich dachte, ›Wenn ich erfolgreich bin, kann ich ihr Leben ändern‹.[70]

Wenn du ein Mädchen bist, musst du alles sein. Du musst spitze in dem sein, was du machst, aber du musst auch supersüß sein und du musst sexy sein und dieses und jenes und du musst immer nett sein. Ich kann nicht all diese Dinge gleichzeitig sein. Ich bin nur ein Mensch.«[71]

Jennifer Lawrence:

»Wir sehen dieses perfekte, technisch nachbearbeitete Model. Aber du musst hinter dieses Bild gucken. Wir müssen aufhören, uns gegenseitig so zu behandeln, uns fett zu nennen und Frauen mit unrealistischen Erwartungen zu überhäufen. Es ist so enttäuschend, dass die Medien das am Leben erhalten und dieses Feuer immer weiter entfachen.«[72]

Amy Poehler:

»Ich glaube, einige große SchauspielerInnen und MusikerInnen denken, sie müssten ihr Publikum ansprechen und dieses Wort [Feminismus] würde es verwirren. Aber ich verstehe das nicht. Das ist so, als würde man sagen: ›Ich glaube nicht an Autos, aber ich fahre jeden Tag eines und ich liebe es, dass es mich überall hinbringt und alles so viel einfacher und schneller macht, und ich wüsste nicht, was ich ohne es täte.‹«[73]

Kate Nash:

»Ich liebe es, Mädchen und Frauen zu ermächtigen, und ich habe einige Statistiken zum Gendergap beim Songwriting gefunden, die mich schockiert haben. Es gibt so viel weniger weibliche als männliche Komponisten, und ich wollte etwas dagegen unternehmen, so dass ich eine AG nach der Schule gestartet haben, wo wir Sessions mit Gitarre, Bass, Schlagzeug und Texten gemacht und die Mädchen ihre eigenen Songs geschrieben haben. Dann hatten wir einen Auftritt in der Queen Elizabeth Hall im Dezember. Es war eine unglaubliche Erfahrung und sehr bewegend zu sehen, wie sich ihre Haltung sich selbst gegenüber verändert hat, und was sie sich getraut haben auszuprobieren. Ich meine, ich bin ganz einfach eine Feministin und möchte daher gegen Sexismus kämpfen, und die Möglichkeit, das in Entwicklungsländern zu tun und Mädchen aus der ganzen Welt zu treffen, könnte ich nie ausschlagen!«[74]

Emma Watson:

»Ich komme aus Großbritannien und ich denke, dass es richtig ist, dass ich als Frau genauso viel verdiene wie meine männlichen Kollegen. Ich denke, dass es richtig ist, dass ich selbst über meinen Körper entscheiden kann. Ich denke, dass es richtig ist, dass Frauen zur Hälfte alle Gesetze und Entscheidungen in meinem Land mitbestimmen sollten. Ich denke, dass es richtig ist, dass mir gesellschaftlich der gleiche Respekt zuteilwird wie den Männern. Aber traurigerweise muss ich sagen, dass es kein einziges Land auf der ganzen Welt gibt, wo Frauen erwarten können, all diese Rechte auch tatsächlich zu haben. Kein Land der Welt kann bis jetzt sagen, dass es Gleichberechtigung erreicht hat.«[75]

Laverne Cox:

»Ich glaube, Transfrauen und Transpersonen allgemein zeigen allen, dass du selbst definieren kannst, was es heißt, eine Frau oder ein Mann zu sein. Im Feminismus geht es viel um das Hintersichlassen von Rollenvorstellungen und Erwartungen, wie und wer man zu sein hat, um ein akzeptiertes Leben zu führen.«[76]

Tavi Gevinson:

»Manchmal mache ich mir Sorgen, dass die Leute denken könnten, ich sei oberflächlich, weil ich über Mode schreibe oder schrieb. Ich denke, dass Mode eine Freundin des Feminismus sein kann und dass sie ein Werkzeug für Selbstverwirklichung und Ermächtigung sein kann. Aber es gibt Fehler in der Modeindustrie, die mir Sand ins Getriebe werfen.

Ich erinnere mich, dass, als das erste Rookie Yearbook rauskam, viel über mich als ›Girl Powers letzte Hoffnung‹ geschrieben wurde. Das fühlte sich nach so viel Verantwortung an. Eine einzelne Person kann nicht das Gesicht des gesamten Feminismus sein! Es muss ganz viele verschiedene Leute geben, mit ihrer eigenen Beziehung zu der Art von Feminismus, mit der sie sich identifizieren.[77]

Feminismus bedeutet für mich, dass man kämpft. Es ist etwas sehr Vielschichtiges, Komplexes, aber im Grunde bin ich Feministin, weil ich denke, dass es mich in keinster Weise einschränkt, ein Mädchen zu sein. Ich glaube, warum so viele Leute Angst vor dem Begriff haben und sich lieber ›humanistisch‹ oder was auch immer nennen, ist, weil sie denken, im Feminismus ginge es nur um Frauen, aber ganz viel davon geht ja darum, gesellschaftliche Konstrukte und Vorstellungen von Geschlecht auseinanderzunehmen, die uns ja alle unterdrücken.«[78]

Kristen Stewart:

»Das ist eine Sache, die Frauen machen müssen – sie müssen durchhalten. Das ist das, was wir schon immer gemacht haben. Du musst etwas machen, das unbestreitbar gut ist. Wenn eine Frau einen schlechten Film oder etwas Dummes macht, wird ihr die Tür vor der Nase zugeknallt. Das ist so kaputt.

(...)

Es ist *wirklich* lächerlich zu sagen, dass man keine Feministin ist.[79]

Ich habe das Gefühl, dass einige Mädchen in meinem Alter weniger dazu tendieren zu sagen ›Natürlich bin ich Feministin, und natürlich glaube ich an gleiche Rechte für Männer und Frauen‹, weil beim

Wort Feminismus für sie etwas mitschwingt, das ihnen zu aggressiv oder direkt vorkommt. Viele Mädchen heute sagen, ›bäh, so bin ich doch nicht!‹ Sie verstehen nicht, dass es überhaupt keine bestimmte Art zu sein gibt, um für all die Dinge zu stehen, für die Feminismus steht.[80]

Frauen müssen zwangsläufig härter arbeiten, um gehört zu werden. Hollywood ist so ekelhaft sexistisch. Es ist verrückt. Es ist so beleidigend, dass es verrückt ist.«[81]

Carey Mulligan:
»Wenn man sich anschaut, wie viele interessante Rollen es für Frauen gibt, ist (die Filmindustrie) offensichtlich extrem sexistisch.
Es gibt zu wenig Material für Frauen. Es fehlen die großartigen Geschichten für Frauen.«[82]

Charlotte Roche:
»Aber schauen wir uns doch mal die Familien mit Teenagern an: Sie fangen an, über die 12- oder 13-jährigen Jungs zu witzeln und legen ihnen Taschentücher neben das Bett. Aber welche Mutter schafft es, ihrer Tochter zu vermitteln, dass die Menstruation etwas Gutes ist – oder zumindest nichts Schreckliches? Dass es schön ist, Sex zu haben, Brüste zu bekommen? Ich kenne Geschichten von Frauen in meinem Alter, deren Mütter Sachen sagen wie: ›Könntest du bitte deine Periode vor deinen Brüdern verbergen, damit ich ihnen nicht erklären muss, was das ist?‹«[83]

Malala Yousafzai:

»Als ich Emma Watsons UN-Rede zugehört habe, war das eine wirklich inspirierende Rede. Wegen dieser Unsicherheit, die man hat, ob man sich Feministin nennen sollte oder nicht. Auch wenn man es schon ist, wenn man an Gleichheit glaubt, an gleiche Rechte für Frauen und Männer, aber man kann dieses eine Wort nicht sagen, dass man Feministin ist. Und dann sagte ich mir, ich solle nicht länger zögern und sagen, dass ich tatsächlich Feministin bin.«[84]

Amnesty Poster:

»Extremisten haben gezeigt, was ihnen am meisten Angst macht: ein Mädchen mit einem Buch. Ich bin Feministin und wir sollten alle Feministinnen sein, denn Feminismus ist ein anderes Wort für Gleichheit.«[85]

Amandla Stenberg:

»Eines der Wahlfächer, das ich in der elften Klasse nahm, war Frauenstudien. Ich war ganz aufgeregt, weil die Lehrerin unglaublich gut ist. Aber es war interessant, die einzige Person of Color zu sein. Das hat zu einigen unglaublichen Diskussionen darüber geführt, wie oft wir vergessen, dass Diskriminierungen von Minderheiten miteinander verbunden sind. #BlackLivesMatter ist auch ein feministisches Thema. Schwarze feministische Stimmen müssen im feministischen Mainstream hörbar gemacht werden, vor allem jetzt. Das ist unglaublich wichtig.«[86]

Rowan Blanchard:

»Als ich in der Vorschule war, habe ich mit den anderen Kindern Ball gespielt und die sagten mir, ich würde ›wie ein Mädchen werfen‹. Seitdem bin ich Feministin.

(...)

Als ältestes von drei Kindern habe ich Sexismus in jedem Lebensalter gesehen. Mein neunjähriger Bruder wurde ›Mädchen‹ genannt, weil er seine Gefühle ausdrücken kann. Meiner elfjährigen Schwester wurde von den Medien beigebracht, dass ihr Körper ein Objekt ist, dass er mit anderen Körpern verglichen wird und dass er wichtiger ist als ihr Geist oder ihre Talente. Das sollte nicht das Erste sein, was sie lernt. Das sollte nicht ihre erste Erfahrung mit der Gesellschaft sein.

(...)

Lasst uns nicht länger Gefangene von Geschlechterstereotypen oder irgendwelchen anderen Stereotypen sein. Lasst uns uns über unsere individuellen Handlungen, Freundlichkeit und Aufrichtigkeit gegenüber anderen definieren. Am Ende des Tages, egal, wer du bist, sollte jede und jeder die Möglichkeit haben, sich selbst zu verwirklichen. Gleichberechtigung der Geschlechter ist nicht nur so eine Idee, es ist ein Geburtsrecht.[87]

›Weißer Feminismus‹ blendet alles aus, was mit intersektionalem Feminismus zu tun hat. Wie eine schwarze Frau Sexismus und Ungleichheit erfährt, unterscheidet sich davon, wie eine weiße Frau die gleichen Dinge erfährt. Ebenso verhält es sich mit Transfrauen und hispanischen Frauen. Während weiße Frauen 78 Cents des männlichen Dollars verdienen, verdienen indigene Frauen 65 Cents, schwarze Frauen 64 Cents und hispanische Frauen 54 Cents.«[88]

Kapitel 7
Die allerblödesten (und nicht ganz so blöden) Fragen zu Feminismus und was du darauf antworten kannst

Hassen alle Feministinnen Männer?

Äh, wie bitte? Diese Frage ist genauso absurd, als würde man allen Fleischesserinnen unterstellen, sie hassten Tiere. Dabei fressen Feministinnen Männer ja nicht einmal ... und viele leben sogar mit ihnen zusammen! Ernsthaft: Personen, die sich für Feminismus einsetzen – und das können durchaus auch Männer sein – hassen die Ungerechtigkeit, die dazu führt, dass Männer und Frauen ungleich behandelt werden, nicht aber eine gesamte Bevölkerungsgruppe. Ihr Zorn richtet sich gegen ein System und eine Gesellschaft, die diese Ungerechtigkeiten zulassen oder sogar von ihnen profitieren. Menschen, die durch ihre Handlungen bewusst dazu beitragen, dass Frauen und Männer unterschiedlich gut (oder eben schlecht) behandelt werden, können dabei aber durchaus als Individuen kritisiert werden.

Können Feministinnen Miniröcke tragen?

Gegenfrage: Warum nicht? Feministinnen sind selbstbestimmte Frauen, die alles tun und lassen können, was sie wollen und was niemandem schadet. Dazu gehört auch, dass sie sich so schick oder schlampig stylen können, mit High Heels und bis zum Anschlag angepinselt oder mit Schlabberhose und gänzlich ungeschminkt, wie es ihnen Spaß macht. Denn wer sollte ihnen so etwas verbieten? Ihr Partner, ihre Eltern, die Gesellschaft? Lächerlich. Freie Frauen bestimmen selbst über ihre Körper und ihre Looks.

Der Hintergrund dieser Frage ist aber natürlich der, dass oft davon ausgegangen wird, dass sich Frauen zum Lustobjekt männlicher Blicke machen, wenn sie sich »sexy« kleiden, und sich damit dem männlichen Begehren unterwerfen. Auch viele Feministinnen der zweiten Welle sahen die Situation ähnlich, was vor allem daher kam, dass die gesellschaftlichen Regeln, wie Frauen auszusehen hatten, früher viel strenger waren. So durften Frauen bis in die 1970er Jahre hinein in vielen Institutionen und Arbeitsstätten beispielsweise nicht in Hosen erscheinen! »Weiblich« und »attraktiv« auszusehen, oftmals in unbequemer Kleidung, war damals noch ein Zwang, gegen den sich diese Feministinnen verwahrten. Doch heute haben Frauen zum Glück in den meisten Fällen die Möglichkeit, selbst über ihr Styling zu entscheiden. Falls dies nicht der Fall ist und die spitzen Schuhe oder das gammelige Sweatshirt tatsächlich nur angezogen werden, um anderen zu gefallen oder nicht anzuecken, ohne dass sich die Frau dabei wohl fühlt, sollte sie tatsächlich noch einmal darüber nachdenken, was ihre Kleiderwahl – außer ihrem persönlichen Geschmack – beeinflusst.

Dürfen sich Feministinnen die Beine rasieren?

Siehe oben! Sie »dürfen« alles, womit sie sich wohl fühlen, ob Komplettrasur des Körpers oder pelzige Ganzkörperbehaarung inklusive schicken Gesichtsbärtchens. Das heißt aber nicht, dass es keine feministische Kritik daran gibt, dass heute von allen Frauen erwartet wird, die vermeintlich »hässlichen« oder »störenden« Körperhärchen weitgehend zu entfernen. Charlotte Roche sagte zum Beispiel in einem Interview mit der englischen Soziologin Nina Power: »Na klar kommt die ganze Rasiererei vom Porno und ich glaube, dass Männer sich oft nicht trauen, zuzugeben, dass sie gerne eine unrasierte Frau hätten. (...) Ich finde Rasieren furchtbar, aber ich mache es trotzdem, weil ich eine attraktive Frau sein möchte und nicht auf der Straße mit Steinen beworfen werden möchte. Allerdings glaube ich, dass es viel mehr Möglichkeiten geben würde, wenn die Leute mehr miteinander reden würden«. Abgesehen von der mittlerweile in allen Lebensbereichen präsenten sogenannten »Pornoästhetik« (die Komplettrasur im Porno hat sich übrigens schlicht deswegen durchgesetzt, weil es ohne Schamhaare einen besseren Blick auf die Geschlechtsteile gibt) wird auch oft behauptet, dass Körperhaare »unhygienisch« seien, was jedoch von ÄrztInnen widerlegt wird. Im Gegenteil, diese Haare haben den Zweck, Keime abzufangen und den Körper so vor Krankheiten zu schützen.

Es gibt daher so einige Feministinnen, die ihr Körperhaar mit Stolz tragen, weil sie es als natürlichen Teil ihres Körpers ganz einfach schön finden, oder weil sie gegen die Vorstellung, nur eine glattrasierte Frau sei eine attraktive Frau, protestieren wollen. Manche stylen sich sogar kunstvolle Achsel- oder Schamhaarfrisuren oder färben diese in allen möglichen grellen Farben wie pink oder knallgrün.

Ist Feminismus nicht eine Diskriminierung von Männern?
Nein. Denn Feminismus als Bewegung spricht sich gegen Diskriminierung allgemein aus und will daher alle Menschen von Unterdrückung befreien (für manche schließt das sogar die Tiere mit ein, aber das ist ein anderes Kapitel). Deswegen kann das Ziel von Feminismus niemals sein, einfach die bestehenden Verhältnisse umzudrehen und quasi statt der Frauen nun

die Männer zu unterdrücken. Es geht stattdessen darum, allen die gleichen Möglichkeiten zu eröffnen, unabhängig vom Geschlecht.

Hintergrund der Frage ist, dass viele Menschen Angst vor Veränderung haben und vor allem davor, dass die Dinge sich (für sie) zum Schlechteren verändern könnten. Doch wie wichtig es ist, dass bestehende Weltbilder ab und zu auf den Kopf gestellt werden, zeigt ein Blick in die Geschichte: Wie lang hat es gedauert, bis Frauen endlich wählen oder eine Universität besuchen oder ein eigenes Konto eröffnen durften, und wie undenkbar wäre es heute, wenn es diese Rechte nicht gäbe? Und ist die Welt dadurch insgesamt ein schlechterer Ort geworden? Im Gegenteil.

Die Quotenregelungen, die an manchen Stellen eingesetzt wurden und von Feminismuskritikern als ungerecht benannt werden, zielen eben nicht darauf ab, Männer aus gewissen Positionen zu verdrängen, sondern nur darauf, dafür zu sorgen, dass Frauen auch annähernd zur Hälfte in diesen vertreten sind – wovon wir in den meisten Fällen noch meilenweit entfernt sind.

Sind Frauen nicht selbst schuld, wenn sie weniger verdienen als Männer?

Wenn man es gerecht findet, dass Berufe, die derzeit noch überwiegend von Frauen ausgeübt werden – wie Erzieherin, Altenpflegerin, Arzthelferin, Friseurin – bei ungefähr gleichwertiger Ausbildung und gleichem Aufwand weniger wert sein sollen als Berufe, die überwiegend von Männern ausgeübt werden – wie Elektriker, Zahntechniker, Automechaniker, Dachdecker –, dann sind Frauen wohl selbst schuld an ihren geringeren Einkünften. Wenn man also denkt, dass ein Beruf, weil er eher mit

Frauen in Verbindung gebracht wird, weniger wert ist. Ebenso, wenn man es selbstverständlich findet, dass Frauen den Löwenanteil an der Hausarbeit, Kinderbetreuung und Pflege von Alten und Kranken in der Familie übernehmen, ohne dafür bezahlt zu werden, und deswegen weniger Stunden für Lohn arbeiten und weniger Rentenbeiträge einzahlen können. Auch, wenn man es völlig normal findet, dass Frauen, weil sie durch ihre Erziehung zu Sanftmut und Freundlichkeit in Gehaltsverhandlungen weniger Geld zu fordern wagen als ihre männlichen Kollegen und daher mitunter in genau den gleichen Jobs weniger Geld kriegen. Wenn man all das nicht wirklich gerecht findet, dann findet man wohl auch die geringeren Einkünfte von Frauen nicht gerecht.

Es ist immer wieder davon die Rede, dass es Frauen doch freistünde, die Fächer zu studieren, mit denen sie später viel Geld machen können – also zum Beispiel Maschinenbau, Informatik oder Chemie. Aber wer sagt, dass Fachwissen in Germanistik in unserer Gesellschaft automatisch weniger wert sein sollte als das in Informatik? Das Problem fängt häufig auch bereits viel früher an: Weder Mädchen noch Jungs können sich frei für ein Betätigungsfeld entscheiden, wenn daran so viele Assoziationen zu »typisch männlich, typisch weiblich« geknüpft sind. Solange sich das nicht ändert und die Vorbilder fehlen – zum Beispiel der tolle Erzieher, die super Physikerin – wird sich an der Situation nicht viel ändern.

Sind Männer und Frauen nicht einfach unterschiedlich?

Doch! So wie jeder Mensch zu jedem anderem Menschen unterschiedlich ist – es gibt keine zwei Individuen, die sich gleichen. Doch Forscherinnen haben längst herausgefunden, dass die Unterschiede innerhalb der Geschlechter genauso groß oder mitunter sogar größer sind als zwischen den beiden Geschlechtergruppen!

Haben Feministinnen etwas gegen Kinder und Familie?

Sicherlich gibt es Menschen mit feministischer Überzeugung, die keine eigenen Kinder haben oder keine Familie gründen möchten – so wie es auch Menschen gibt, die konservative Parteien wählen und weder heiraten noch sich vermehren wollen. Sogar unsere Bundeskanzlerin, die an der Spitze einer traditionelle Werte betonenden, christlichen Partei steht, hat bekanntlich keine Kinder. Das ist aus feministischer Sicht auf jeden Fall ein Fortschritt, denn jede Frau sollte selbst wählen können, wie und mit wem sie lebt. Ohne dass es strenge Vorschriften wie früher gibt, als man davon ausging, die Erfüllung jeder Frau liege in der Mutterschaft – und die Frauen, die das anders sahen, als nicht normal galten. Viele Feministinnen jedoch haben Kinder und leben in Familien oder kümmern sich um die Kinder von Freundinnen. Eine der ersten Initiativen der zweiten Frauenbewegung war übrigens die Gründung von selbstverwalteten Kinderläden, in denen Kinder nach antiautoritären Mustern betreut wurden, damit auch die Frauen politisch aktiv sein konnten! Dass Feministinnen Kinder ablehnen, stimmt also definitiv nicht. Wofür sich viele von ihnen jedoch einsetzen, ist die Idee, dass über Formen des Zusammenlebens nachgedacht wird, die die klassischen Muster von der traditionellen Vater-Mutter-Kind-Kleinfamilie aufbrechen – weil diese erstens für viele heute sowieso schon nicht mehr die Norm ist und weil zweitens in größeren oder anders gestalteten Gruppen Kinderbetreuung und Hausarbeit viel solidarischer und effizienter organisiert werden können, wovon am Ende alle profitieren.

Muss man ganz viele schlaue Bücher gelesen haben, um sich Feministin zu nennen?

Nein. Es reicht, davon überzeugt zu sein, dass Männer und Frauen gleich gut behandelt werden sollten, das auch so zu sagen und sich im besten Fall dafür öffentlich einzusetzen. Allerdings kann es nie schaden, ein paar oder ganz viele der schlauen Bücher zum Thema zu lesen – und interessant und spannend ist es außerdem!

Ist Feminismus nur etwas für weiße Frauen, die studiert haben?

Eigentlich überhaupt nicht! Leider ist es momentan wirklich so, dass sich hauptsächlich akademisch gebildete Frauen für Feminismus einsetzen / als Stimmen des Feminismus wahrgenommen werden. Das müssen wir alle gemeinsam dringend ändern – denn Feminismus ist für alle da!

Wollen Feministinnen mir vorschreiben, wie ich mein Leben zu leben habe?

Nein. Feminismus will alle Frauen – und eigentlich auch die Männer – dazu ermuntern, frei über ihr Leben zu entscheiden. Dazu soll der Feminismus ihnen die wichtigsten Werkzeuge an die Hand geben. Natürlich gab es immer mal wieder Strömungen oder Stimmen, die vorgeben wollten, was die einzig wahre feministische Linie ist, zum Beispiel: »Alle Frauen sollen Karriere machen. Frauen mögen keine Pornos. Keine Frau arbeitet freiwillig als Prostituierte. Frauen, die ein Kopftuch tragen, werden von Männern dazu gezwungen.« Doch gegenüber diesen einfachen Wahrheiten sollten schlaue Feministinnen immer auf der Hut sein! Denn die Lebensentwürfe von unterschiedlichen Frauen sind so komplex / vielschichtig wie die

Frauen selbst, und es steht niemandem zu, von außen pauschal darüber zu urteilen. Wenn sich Frauen allerdings unsolidarisch gegenüber anderen Frauen verhalten, ist Kritik durchaus angebracht.

Sind andere Probleme nicht viel wichtiger als Feminismus, wo Frauen doch heute die gleichen Rechte haben wie Männer?
Na klar, es gibt immer etwas, das jetzt gerade in diesem Moment viel, viel wichtiger ist als der Feminismus: die Klimaerwärmung. Die Schicksale der Millionen Verfolgten und Geflüchteten. Die ungerechte Verteilung von Reichtum auf der ganzen Welt. Hungersnöte. Der Kampf gegen den Terror. Doch nur, weil diese Probleme drängend sind, heißt es nicht, dass sich die Frauen hinten anstellen und abwarten müssen: Denn wenn sie das früher schon getan hätten, würden sie heute wahrscheinlich immer noch auf das Wahlrecht warten. Warum sollten wir eine Rangfolge von Elend aufstellen, statt möglichst alles gleichzeitig zu bekämpfen? Außerdem sind viele dieser Probleme ineinander verschränkt – diese Erkenntnis nennt man intersektionales Denken – und können oft am besten miteinander gelöst werden. Denn es ist seit langem bekannt, dass all diese großen Probleme Frauen in besonderer Weise betreffen und der Schlüssel zur Lösung der Probleme der Frauen oft der Schlüssel zur Lösung des Problems insgesamt ist.

Macht Feminismus unattraktiv?
Wer denkende und politisch bewusste oder engagierte Menschen unattraktiv findet, wird vermutlich auch Feministinnen unattraktiv finden. Und die Personen, die Angst vor selbstbewussten, schlauen Frauen haben und solche Vorurteile äußern, sind vielleicht selbst nicht so attraktiv.

Ist Feminismus uncool?

Ach, es gab immer wieder Zeiten, in denen Fans des Feminismus alles taten, damit Feminismus ein cooles Image bekommt, weil die Vorurteile dagegen manchmal so stark waren. Feminismus sei verkrampft, unsexy, Feministinnen hätten Haare auf den Zähnen und würden doch nur keine Männer abbekommen. Und jetzt? Glamour pur: Wo sich Leute wie Beyoncé, Taylor Swift und Ryan Gosling genauso zum Feminismus bekennen wie die Bloggerin Tavi oder die Autorin und Aktivistin Laurie Penny, ist die Frage völlig überflüssig. Na klar ist Feminismus cool, cooler geht es eigentlich nicht mehr. Aber das Beste ist: Feminismus kann cool sein, muss es aber nicht. Man kann auch eine unmodische, völlig uncoole Feminismus-Geekette sein und muss sich nicht im Geringsten für den Mangel an Coolness entschuldigen – im Gegenteil. Denn Feminismus ist für alle da und kein Lifestyle, sondern eine Überzeugung.

Kapitel 8
Praxischeck:
Wie kann mir Feminismus im Alltag helfen?

Überkommene Rollenbilder

Was ist los?

Dich nervt es, dass du schon wieder den Tisch abräumen musst, während dein Bruder sich in sein Zimmer verkrümeln darf? Oder dass ein Lehrer die Mädchen in deiner Klasse für ihren Fleiß lobt, die Jungs aber dafür, wie schlau sie seien? Dass eine Freundin sich wundert, dass ein junger Vater auf dem Spielplatz sein Baby so gekonnt wickelt, während sie es bei der Mutter ein paar Meter weiter ganz normal findet? Dass deine ältere Schwester ihren schönen Nachnamen bei der Hochzeit ganz selbstverständlich für den ihres Mannes aufgibt, während der nicht ein einziges Mal darüber nachgedacht hat, ihren anzunehmen?

Was bedeutet das?

Das bedeutet, dass du schwer genervt bist von altmodischen Rollenbildern, die jedoch auch heute noch in vielen Köpfen und vor allem Lebensentwürfen fest verankert sind.

Was kannst du sagen / tun?

Weise freundlich, aber bestimmt darauf hin, dass wir im 21. Jahrhundert leben und Klischees aus der Mottenkiste einfach keinen Platz mehr haben. Weder sind Mädchen von Natur aus besonders lieb und fleißig und Jungs wild und schlau, noch sind Mädchen dafür geboren (Butler), sich für andere aufzuopfern, und daher mehr öde Aufgaben im Haushalt zu übernehmen als Jungs. Alle können alles gleich gut lernen! Ob es jetzt ums Tisch abräumen, Babys wickeln oder Mathe geht – all das hat mit dem Geschlecht nichts zu tun, sondern mit der Bereitschaft, sich auf Dinge einzulassen. Auch muss sich kein Mensch aufgrund des Geschlechts einem anderen unterordnen oder sich gar in seinen Besitz geben, wie es die Annahme des Namens des Ehemannes ja suggeriert. Wer überhaupt heiraten will – was man heute glücklicherweise gar nicht mehr muss, um zusammenleben zu können, im Gegensatz zu früher – und darüber hinaus Verbundenheit als Paar oder Familie demonstrieren will, kann überlegen, sich für einen gemeinsamen Namen (den Schöneren, Praktischeren, Ungewöhnlicheren?) zu entscheiden, ganz egal, ob das der Name der Frau oder des Mannes ist. Allerdings muss man auch das, im Gegensatz zu früher, nicht mehr, denn beide können ihren Nachnamen, der ja ein wichtiger Teil der Identität ist, einfach behalten.

Schönheitsnormen

Was ist los?

Du blätterst in Frauen- und Mädchenzeitschriften und bist gestresst von den vielen Diät- und Schönheitstipps, die dir das Gefühl geben, dass du zu dick, zu wenig sportlich, nicht schön

genug bist. Du kannst nicht glauben, dass deine wunderschö-
nen Freundinnen die ganze Zeit jammern, dass ihr Hintern zu
dick oder ihr Busen zu klein sei. Du bist wütend, dass Jungs
dich damit verletzen wollen, wenn sie dir zurufen, du seist »voll
hässlich!«. Du stehst vor dem Spiegel und siehst nur noch »Pro-
blemzonen«. Du ärgerst dich, dass weibliche Filmstars öffentlich
dafür gelobt werden, dass sie wenige Wochen nach der Geburt
eines Kindes wieder spindeldürr sind. Du wunderst dich, warum
es im Fernsehen weißhaarige, faltige Nachrichtensprecher gibt,
aber deren Kolleginnen alle jung und attraktiv aussehen – genauso wie du dich wunderst, dass in vielen Filmen der männliche Part eines Liebespaars viel älter ist als der weibliche, was
umgekehrt so gut wie nie vorkommt.

Was bedeutet das?

Du bist genervt von Schönheitsnormen. Es stimmt, dass der
Druck auf Jungs und Männer, fit, muskulös, schlank, gepflegt
und attraktiv zu sein, in den letzten Jahren massiv zugenommen hat. Trotzdem werden Mädchen und Frauen immer noch
viel stärker über ihr Aussehen beurteilt als Jungs und Männer.
Das merkt man z. B. auch daran, wie die Öffentlichkeit mit Politikerinnen umgeht: Den meisten Leuten ist es ziemlich egal,
wie männliche Staatschefs aussehen oder wie sie sich kleiden – es fällt ihnen meist nicht einmal auf. Doch die deutsche
Bundeskanzlerin Angela Merkel z. B. wird immer wieder für ihr
»unweibliches« Aussehen und ihre langweiligen Hosenanzüge
kritisiert oder sogar verhöhnt. Weibliche Schauspielstars müssen sich das Gesicht mit Botox starr spritzen, um keine Zeichen
von Hautalterung auf der Leinwand sichtbar werden zu lassen,
während man bei ihren gleichaltrigen faltigen Kollegen von
»Charakterköpfen« spricht. Außerdem sind die Vorgaben, was

als schön und sexy gilt, so streng und eng gesteckt, dass kaum jemand sie erfüllen kann: groß, schlank und ebenmäßig, aber mit den weiblichen Rundungen genau an der richtigen Stelle soll der weibliche Körper sein. Das Haar muss voll und seidig sein, die Augen und der Teint strahlend und die Zähne gerade und weiß blitzend. Und, und, und. Die wenigsten Frauen können diese Anforderungen erfüllen, und dazu kommt noch, dass Personen, die nicht weiß sind, sich in diesen Schönheitsidealen meist überhaupt nicht wiederfinden, denn die weltweite Vorstellung einer perfekten Frau kommt einer blonden Barbiepuppe ziemlich nahe. Ziemlich unrealistisch, oder?

Was kannst du tun?

Du kannst dich natürlich selbst all diesen Normen verweigern und auch deine Freundinnen davon überzeugen, es zu versuchen. Das ist mutig und effektiv, kostet aber, um ehrlich zu sein, auch sehr viel Kraft. Viele Frauen haben keine Lust, sich dauernd wegen ihrer unrasierten Beine anstarren oder beschimpfen zu lassen, und machen deshalb den ganzen Zirkus mit, obwohl es ihnen persönlich völlig egal ist, ob sie ihre Beine mit oder ohne Pelz durch die Gegend tragen. Du kannst dich aber auch mit kluger Literatur wappnen, wie zum Beispiel mit Naomi Wolfs »Der Mythos Schönheit«, und dir klarmachen, wie sehr Frauen in einem patriarchalen System anhand von zugestandener und aberkannter Attraktivität gegeneinander ausgespielt und geschwächt werden. Wenn man die Dinge durchschaut, ist es leichter, mit ihnen umzugehen oder sogar andere darüber aufzuklären. Und zum Glück hat der Feminismus einiges an guter Munition für solche Fälle parat – und die heißt in diesem Fall bedingungslose Selbstliebe. Slogans wie »All Bodies are beautiful« (Alle Körper sind schön) oder ganz einfach das

Wissen, dass wir für unser Selbstwertgefühl nicht von fremden (männlichen) Blicken abhängig sind, sind in diesen Situationen Gold wert.

Essstörungen

Was ist los?

Du willst nichts mehr essen oder musst die ganze Zeit essen, du stopfst dich voll, kotzt oder verbietest dir alles. Oder eine oder viele deiner Freundinnen. Oder du siehst, wie deine Umwelt auf ein solches Verhalten reagiert: ratlos, verzweifelt, gleichgültig oder herablassend. Essstörungen betreffen hauptsächlich Mädchen und Frauen (so sind zum Beispiel elf von zwölf Magersüchtigen weiblich), weswegen die Problematik häufig entweder skandalisiert oder verniedlicht wird. Nicht selten wird die Krankheit nicht als solche ernstgenommen, und Betroffene bekommen Kommentare wie »Reiß dich mal zusammen, andere wären froh, wenn sie genug zu essen hätten« oder »Ich verstehe dich nicht, mit ein paar Kilo mehr auf den Rippen würdest du doch viel schöner aussehen« zu hören. Gleichzeitig nimmst du wahr, wie extrem dünne Stars oder Models für ihre »schlanken« oder »fitten« Körper in den Medien gelobt und für attraktiv befunden werden.

Was bedeutet das?

Essstörungen sind neben dem Einzelschicksal immer auch ein gesellschaftliches Problem. Denn Mädchen und Frauen befinden sich heute in einer Situation, in der es fast unmöglich ist, den »richtigen« Körper zu haben. Die Abweichungen vom erstrebenswerten Ideal, »begehrenswert schlank und weiblich«

zu sein, liegen nur hauchdünn daneben. Blitzschnell wird da befunden, eine sei »abartig mager« oder »ekelhaft fett«, egal, welche Ausmaße ihr Körper tatsächlich hat (dass niemand das Recht hat, Menschen nach ihrem Gewicht zu be- oder gar verurteilen, muss an dieser Stelle hoffentlich nicht extra erwähnt werden). Mädchen wird sehr früh klargemacht, dass fremde Blicke ihre Figur begutachten und urteilen, was sexy ist, so dass sie sich häufig auf ihren Körper reduziert, ihm entfremdet oder sich generell unwohl oder ungenügend fühlen.

Essstörungen entwickeln sich aus hochkomplexen psychologischen Prozessen, die bei jeder Person individuelle Ursachen haben. So werden in der Forschung beispielsweise oft problematische Bindungen oder Erwartungshaltungen innerhalb der Familie oder auch traumatische Erlebnisse ins Feld geführt. Eine feministische Sichtweise auf die Krankheit erweitert den Blick jedoch zusätzlich, denn sie geht davon aus, dass auch die unrealistischen Anforderungen, die heute an Mädchen gestellt werden, zu solchen Verweigerungen führen können. Denn wer hungert oder frisst, funktioniert nicht mehr, isst zu viel oder zu wenig, passt mit knochigen Schultern oder speckigen Oberschenkeln nicht mehr in die normierten Bilder weiblicher Schönheit innerhalb einer patriarchal geprägten Gesellschaft. Die Vorstellung, dass Mädchen zu viel oder zu wenig essen, um ideale Körper zu kriegen und innerhalb einer auf Äußerlichkeiten fixierten Gemeinschaft attraktiv zu sein, hat dabei weniger Relevanz als die der Herrschaft über den eigenen Körper. In einer Gesellschaft, in der Mädchen die ganze Zeit gesagt wird, was sie zu tun und wie sie auszusehen haben, ist das paradoxerweise für einige der einzige Weg, die Kontrolle über ihr eigenes Leben zu bekommen.

Was kannst du tun?

Wenn du das Gefühl hast, du könntest von einer Essstörung betroffen sein oder es bei jemandem in deinem Umfeld vermutest, ist ganz klar, dass du so schnell wie möglich professionelle Hilfe in Anspruch nehmen solltest. Eine feministische Sichtweise kann dir und deinen Freundinnen jedoch dabei helfen, Gefahren frühzeitig zu erkennen, offen darüber zu reden und ein besseres Verständnis zu entwickeln. Zum Beispiel dafür, dass Magersucht kein eingebildetes Leiden verwöhnter junger Mädchen ist, die dadurch schön werden und Aufmerksamkeit auf sich ziehen wollen, wie oft abwertend behauptet wird. Dass es auch kein Spleen ist, der an- und ausgeknipst werden und mit ein bisschen gutem Willen überwunden werden kann. »Iss doch einfach« zu einer Magersüchtigen zu sagen ist ungefähr genauso sinnvoll wie zu einem Depressiven zu sagen »Lach doch mal wieder«. Dass man Essgestörten ihre Krankheit nicht immer gleich ansieht, denn nicht alle Bulimikerinnen sind fett und nicht alle Anorektikerinnen sind mager – wie auch im Umkehrschluss selbstverständlich nicht alle dicken oder dünnen Menschen essgestört sind! Dass es alle treffen kann, die dann meist ein Leben lang mit der Krankheit zu kämpfen haben. Dass gesellschaftliche Körperideale sich ständig verändern, dabei aber immer dafür sorgen, dass vor allem Frauen sich unter Druck gesetzt und hässlich fühlen. Und dass es notwendig ist, die Botschaften bezüglich begehrenswerter (und meist unerreichbarer) Schlankheit in Medien und Werbung, die mit dazu beitragen können, dass vor allem junge Frauen eine sogenannte Körperschemastörung entwickeln (sie nehmen sich trotz geringen Gewichts als zu dick wahr), beständig zu hinterfragen.

Dick sein

Was ist los?

Du hast zwar keine Essstörung, aber du machst dir sehr viele Gedanken über dein Gewicht. Vielleicht fühlst du dich zu dick, findest deinen Po zu groß oder deine Oberschenkel zu wabbelig, und im schlimmsten Fall musstest du es sogar schon einmal ertragen, dass jemand eine abfällige Bemerkung über deinen Körper gemacht hat. Oder du bemerkst, wie über dicke Frauen gelästert wird, die sich trauen, in der Öffentlichkeit etwas zu essen oder knappe Outfits zu tragen.

Was bedeutet das?

Wie im vorigen Kapitel bereits beschrieben, leben wir in einer Gesellschaft, die vor allem Frauen stark nach ihrer körperlichen Erscheinung bewertet. Die englische feministische Soziologin Angela McRobbie bezeichnet diese Zuspitzung auf reine Äußerlichkeiten sogar als »Eingeschlossen-sein im Körper«. Historisch lässt sich herleiten, dass Frauen früher, als sie noch komplett unter der Herrschaft der Männer standen, ihre Körper oft als einziges Kapital zur Verfügung standen, um Männer für sich zu interessieren und durch Verbindungen zu ihnen – wie Heirat oder Affären – ihren eigenen Lebensunterhalt zu sichern oder gar zu Wohlstand oder Macht zu kommen. Das ist heute zum Glück nicht mehr so, dennoch ist in vielen Köpfen nach wie vor die Denkweise zu finden, dass weibliche Schönheit im Gegensatz zu männlicher sehr wichtig sei. Und tatsächlich kennen wir nach wie vor viel mehr Fälle, in denen eine junge, als attraktiv geltende Frau durch die Bindung an einen älteren, einflussreichen Mann selbst an Einfluss oder Wohlstand gewinnt als umgekehrt – die jüngeren Lover älterer Frauen werden häufig abwertend als »Toyboys« tituliert, als Spielzeug-Jungs also.

Das Gewicht von Frauenkörpern spielt in ihrer Beurteilung als attraktiv eine besonders große Rolle, und man kann so weit gehen zu sagen, dass es einer ständigen Überwachung unterzogen ist – durch den gesellschaftlichen Blick wie auch durch die Frauen selbst, die diesen Blick auf sich verinnerlicht haben. Besonders fette Frauen werden diskriminiert und häufig sogar auf offener Straße verhöhnt oder angepöbelt. Das kommt wahrscheinlich daher, dass diese Mädchen und Frauen mit ihren Körpern mehr Raum einnehmen, als ihnen die Gesellschaft zugesteht. Auch heute wird noch von ihnen erwartet, dass sie sich klein machen, dünne machen, in der U-Bahn nicht breitbeinig sitzen, ihre Gliedmaßen immer hübsch eng am Körper halten. Dicke Frauen durchbrechen diese Selbstbescheidung, und das wird ihnen übelgenommen. Sie gelten außerdem als zügellos, als undiszipliniert, weil unterstellt wird, dass sie unkontrolliert Essen in sich reinstopfen, und diese Eigenschaften gelten als gleichzeitig unweiblich und bedrohlich. In einem Missy-Interview zu Stilvorlieben gibt die Fett-Aktivistin Lea St. zu Protokoll, dass »ein rotes enges Kleid« an ihrem üppigen Körper »manche Menschen rasend vor Wut« mache. Und die Fotografin Haley Morris-Cafiero hat irgendwann damit angefangen, die vielen Leute, die auf der Straße ihren dicken Körper belächeln oder mit abschätzigen Blicken bedenken, selbst zu fotografieren – und so ein interessantes wie aufrüttelndes Kunstprojekt geschaffen.

Vorurteile gegenüber dicken Frauen gehen oft Hand in Hand mit anderen Vorurteilen: dass diese Frauen, weil es ihnen ja an Disziplin mangele, auch beruflich keinen Erfolg hätten – »Körper und Leben laufen beide aus dem Ruder« – und so die typischen Hartz-IV-Empfängerinnen wären. Dass sie schlampig seien, weil sie ihren Körper ja nicht genügend in Schuss hielten, und deswegen auch sexuell gesehen »Schlampen« seien. Oft vermischen sich diese Vorurteile auch noch mit rassistischen Vorurteilen, indem behauptet wird, Women of Colour seien besonders zügellos in ihrem Ess- wie auch Sexualverhalten.

Auch wenn heute Stars wie Beyoncé, Nicki Minaj oder Kim Kardashian, die alle nicht so dünn wie die üblichen Laufstegmodels sind, Erfolg haben, es eine fülligere Barbie zu kaufen gibt und auch mal ein Model mit Kleidergröße 48 im Bikini auf dem Cover von Sports Illustrated abgebildet ist, heißt das nicht, dass dicke Frauen heute keine Probleme mehr haben. Einerseits ist das eine erfreuliche Entwicklung, weil sie klarmacht, dass es verschiedene Körpertypen gibt, die alle ihre eigene Schönheit besitzen. Andererseits genügen diese Frauen mit ihrer kurvigen Sanduhr-Silhouette doch wieder einem ziemlich normierten Weiblichkeitsideal, dem zum Beispiel Frauen mit dickem Bauch, kleinem Po und Hängebrüsten auch nie gerecht werden können.

Was kannst du tun?

»Fat is a feminist issue« war der Titel eines von der englischen Psychologin Susie Orbach 1978 veröffentlichten Buches, also »Fett ist ein feministisches Thema«, und das gilt heute mehr denn je. Denn eine feministische Perspektive auf Körperfett hat gezeigt, dass es kein individuelles Versagen von Frauen ist, wenn sie dick werden, sondern eine Reaktion auf eine Gesellschaft, die sehr beschränkte Vorstellungen davon hat, wie Frauen aussehen sollten. Für Orbach ist Dick-Werden der Versuch, sich von genau diesen Stereotypen zu befreien. Fett steht für sie nicht für Versagen oder zu wenig Selbstkontrolle, sondern unter anderem für Schutz, Sex, Stärke, Grenzen, Selbstbehauptung und Wut. Mit diesen Bedeutungen sollten wir uns viel eher auseinandersetzen als mit unserer reinen Körperlichkeit. Auch wenn sie Fett als »gesellschaftliche Krankheit« beschreibt, nimmt sie doch wahr, dass die Frage nach der Gesundheit heute oft nur vorgeschoben wird, um unsere Ablehnung von Fett zu maskieren. Denn neueste Studien haben bewiesen, dass Menschen mit einem leichten bis mittleren Übergewicht am längsten leben und seltener Schlaganfälle oder Infarkte bekommen. Doch auch abseits von Gesundheitsfragen zelebrieren Frauen ihre fetten Körper mit modischen oder knappen Outfits und setzen einer Gesellschaft, die ihnen das am liebsten verbieten würde, ein trotziges und selbstbewusstes »Ist mir egal, ich finde mich schön!« entgegen. Indem du dich selbst ebenso etwas traust, dich positiv über solche Frauen äußerst, geringschätzige Kommentare über Dicke kritisierst und dich und andere über die gesellschaftlichen, diskriminierenden Zusammenhänge zwischen Dick-Sein und Frau-Sein informierst, kannst auch du zu einem besseren – feministischen – Verständnis von Körperfett beitragen.

Sexuelles Begehren

Was ist los?
Die Jungs in deiner Umgebung geben damit an, wen sie schon alles flachgelegt haben, und machen deftige Bemerkungen über ihren heftigen Sexualtrieb. Ohne Scham plaudern sie über ihre Ständer, Selbstbefriedigung, Sexunfälle und blaue Eier, und auch in Filmen und Witzen ist das kein Tabu, sondern Gegenstand allgemeiner Erheiterung. Wenn es allerdings um Mädchen und ihre sexuellen Erfahrungen und Gelüste geht, verschlägt

es vielen die Sprache: Erstens, weil immer noch das Klischee existiert, Mädchen interessierten sich viel weniger für Sex und schon gar nicht für Selbstbefriedigung. Zweitens, weil Mädchen, die diesem Klischee widersprechen, schnell als Schlampen abgestempelt werden. Und drittens, weil es in unserem Wortschatz viel weniger Begrifflichkeiten für Sex aus weiblicher Perspektive gibt. Das fängt schon bei den Geschlechtsorganen an: Wie viele (Spitz-)Namen für das männliche Glied fallen dir ein, wie viele für die weibliche Scheide (die korrekterweise eigentlich Vulva heißen müsste)? Eben.

Was bedeutet das?

Auch wenn sich seit der sogenannten sexuellen Befreiung in den 1970er Jahren für Frauen viel zum Positiven verändert hat, und wir viel lockerer mit Fragen von Sex und Moral umgehen, herrscht auch heute noch in vielen Köpfen eine Doppelmoral, wenn es um Sex geht. Die Vorstellung, dass »Männer immer wollen und Frauen eigentlich nie«, dass »Männer Liebe geben, um Sex zu bekommen, und Frauen Sex geben, um Liebe zu bekommen«, dass Männer potente Schürzenjäger sind und Frauen liederliche Dorfmatratzen, wenn sie viele sexuelle Kontakte haben, dass Männer an Frauen generell nur sexuelles Interesse haben und Frauen eigentlich »ja« meinen, wenn sie »nein« sagen – all diese stereotypen Denkweisen lassen sich nicht so schnell ausrotten. Auch für Jungs und Männer können sie belastend sein, weil sie ihnen gar nicht entsprechen wollen, und trotzdem werden ihnen größere Freiheiten zugestanden. Die Sexualität von Mädchen wird, genau wie das Aussehen ihrer Körper, gesellschaftlich viel stärker kontrolliert, was die meisten von ihnen auch selbst verinnerlicht haben. Viele Mädchen trauen sich kaum, über ihre sexuellen Wünsche nachzudenken oder gar zu sprechen, manche schämen sich gar dafür, dass sie sich selbst befriedigen – obwohl das, wie nicht nur die Sexologin Ann-Marlene Henning in ihrem Buch »Make Love« darlegt, der wunderbarste Weg ist, das eigene Lustempfinden kennenzulernen und ein erfülltes Sexleben zu haben. Dazu kommt, dass es für Frauen nach wie vor als unanständig gilt, sexuellen Appetit zu zeigen, Männer anzumachen und diesen Appetit dann zu stillen – das ist meist nur im eng abgesteckten, formelhaften Rahmen von Pornos erlaubt, wo es aber auch hauptsächlich der Befriedigung männlicher Lust dient und wo die weiblichen Darstellerinnen oft, auch wenig glaubwürdig, als »dauergeile Schlampen« dargestellt werden.

Im Gegensatz zu Jungs, deren Penis ja gut sichtbar außen am Körper hängt, kennen viele Mädchen ihre Sexualorgane nicht gut oder gar nicht. Sie trauen sich nicht so richtig, sich »das da unten« oder »das zwischen den Beinen« anzugucken (diese Ausdrücke zeigen schon den verschämten Umgang mit ihrer Sexualität). Außerdem denken manche von ihnen sogar, sie würden nicht gut riechen – was durch so blöde wie realitätsferne Witze über fischigen oder käsigen Geruch noch verstärkt wird. Auch die Form ihrer Schamlippen, ihre Behaarung, gelegentlicher Ausfluss oder die Flüssigkeit, die bei sexueller Erregung abgesondert wird, sind ihnen peinlich. Sie fühlen sich also nach wie vor unrein, wenn sie über ihre Sexualität nachdenken, ganz so, als wären wir noch im 19. Jahrhundert! Das hat natürlich nichts mit ihnen selbst oder ihren Körpern zu tun, sondern mit einer Gesellschaft, die die Sexualität von Frauen nach wie vor in Schach halten will. Sie gilt immer noch als etwas, das die Männer kontrollieren müssen und das potentiell gefährlich werden könnte. Das äußert sich unter anderem darin, dass in einigen afrikanischen und arabischen Ländern immer noch die grausame Praxis der weiblichen Genitalverstümmelung verbreitet ist, wobei die Klitoris abgeschnitten wird, damit Frauen keine Lust beim Sex empfinden, sondern ihn als reine Pflicht gegenüber ihrem Ehemann verrichten. Wenn man bedenkt, dass in Deutschland bis zum Jahr 1997 die Vergewaltigung in der Ehe noch nicht strafbar war, sieht man, wie dieses Denken auch bei uns noch in der Gegenwart präsent ist. Diese Angst vor der Kraft der weiblichen Sexualität ist allerdings auch kein Wunder, wenn man bedenkt, dass weibliche Orgasmen im Schnitt viel länger dauern als männliche (3–12 versus bis zu 43 Sekunden!), dass zahlreiche Frauen im Gegensatz zu Männern problemlos mehrere Orgasmen am Stück bekommen können (der sogenannte multiple Orgasmus), manche sogar mit einer Ejakulation, und dass die Klitoris nach neueren Erkenntnissen viel größer ist als bisher angenommen! Das Powerorgan der weiblichen Lust beschränkt sich nämlich mitnichten auf das kleine sichtbare Knöpfchen, sondern ist ungefähr elf Zentimeter lang und verläuft »unterirdisch« bis in die Schenkel hinein! Was auch erklärt, warum manche Frauen allein durch das intensive Zusammenpressen der Oberschenkel einen Orgasmus bekommen können.

Was kannst du tun?

Gerade, wenn es um weibliche Sexualität geht, ist der Feminismus eine wunderbare Schützenhilfe. Denn es war die unermüdliche feministische Analyse und Kritik, die gezeigt haben, dass Klischees zu Frauen und Sex Frauen verunsichern, in Schach halten und der Bewahrung der männlichen Herrschaft dienen sollten. Gerade neuere feministische Bewegungen haben unendlich viel dafür getan, dass Frauen ihre Sexualität angstfrei und lustvoll leben können. Eine dieser Strömungen nennt man daher auch »sexpositiven Feminismus«, in Abgrenzung zu früheren Ausrichtungen, die in den 1970er Jahren stärker den Gewaltaspekt von Sex betont haben, was auch sehr wichtig war, um Tabuthemen wie Sexismus, sexuellen Missbrauch und Vergewaltigung endlich öffentlich anprangern zu können. Der sexpositive Feminismus baut auf diesem Fundament auf und ermutigt Frauen, die gelernt haben, sexuelle Übergriffe auf gar keinen Fall mehr hinzunehmen, selbstbewusst zu allem ja zu sagen, was ihnen gefällt. Ob das nun sogenannter Vanilla Sex, also ganz »normaler« Blümchensex zu zweit ist, oder harter BDSM-Sex in der Gruppe in einem Folterkeller – wichtig ist nur, dass die beteiligten Frauen Bock auf das, was sie machen, und Kontrolle über jeden einzelnen Schritt haben. Denn der Feminismus von heute lehrt uns und alle, die schlau genug sind zuzuhören, dass Männer und Frauen gleichermaßen Lust und Unlust auf Sex haben können, und niemand deswegen verurteilt werden darf.

Shaming-Strategien

Was ist los?

Du trägst im Sommer eine kurze Hose, und eine unbekannte Person ruft dir »Schlampe« hinterher. Du isst während der Hofpause einen Schokoriegel, und ein paar Typen aus deiner Klasse fragen dich höhnisch, wann du das letzte Mal im Fitnessstudio warst. Du bist im Schwimmbad, und eine Gruppe gleichaltriger Mädchen kichert über dich, weil du deine Schamhaare nicht rasiert hast. Beim Weggehen lästern die anderen aus deiner Clique über dich, weil du am Vorabend mit zwei Jungs geknutscht hast. Oder vielleicht bist du als Teenager schwanger geworden, hast ein Baby bekommen und erntest missbilligende Blicke aufgrund deines Alters, wenn du mit deinem Kind unterwegs bist.

Was bedeutet das?

Dir soll ein schlechtes Gewissen gemacht werden dafür, wie du dich verhältst, wie du aussiehst, wie du lebst und liebst. Du sollst beschämt werden, damit du dich klein machst und nicht gegen die ungeschriebenen Regeln unserer Gesellschaft aufmuckst, die da lauten: Mädchen und Frauen sollen dünn, attraktiv, aber nicht sexuell selbstbewusst sein und vor allem nicht auffallen. Im Grunde wirst du dafür beschämt, dass du ein Mädchen bist, denn es kann jede treffen, und die ›Gründe‹ sind immer unterschiedlich und vor allem nichtig. Shaming, wie man bei uns auch häufig mit Hinblick auf die regen Diskussionen über das Thema im englischsprachigen Raum sagt, ist eine enge Verwandte des »Victim Blaming«, also der Strategie, dass man Opfern die Schuld an dem gibt, was ihnen zugestoßen ist. Die Debatte um das Hotpants-Verbot an einer deutschen Schule (siehe Kapitel 18) hat gezeigt, dass sich viel lieber darüber aufgeregt wird, dass Mädchen sich zu »aufreizend« kleiden würden, als darüber, dass erwachsene Lehrer, die durch nackte Mädchenbeine im Unterricht nervös gemacht oder gar erregt werden, vielleicht das größere Problem sind. Die Journalistin Margarete Stokowski schrieb in der Tageszeitung »taz« zu diesem Fall: »Die völlige Selbstverständlichkeit, mit der Männer am Strand oben ohne rumlaufen und Frauen nicht, ist nur ein Beispiel. Eine Gesellschaft, in der nackte Frauen in der Werbung einerseits Aufmerksamkeit auf Produkte ziehen sollen, und in der Frauen im Alltag andererseits aufpassen sollen, nicht ›aufzureizen‹, hat ein sehr grundsätzliches Problem. Sicher ist: Wenn Jungs im Unterricht nicht mehr auf die Tafel schauen, sondern auf den Bauchnabel des Mädchens neben ihnen, dann ist jede Lösung, die sich nur um den Bauchnabel kümmert und nicht um den Jungen, eine schlechte.« Aber genau so funktioniert Shaming eben: Statt den Jungs und Männern zu sagen, dass sie ihre Blicke bei sich behalten sollen, und dass es ihnen nicht zusteht, über den Körper einer anderen Person zu urteilen, macht man den Mädchen ein schlechtes Gewissen, dass sie sich falsch verhalten und damit solche Reaktionen geradezu herausfordern, ja, dass eigentlich grundsätzlich etwas mit ihnen nicht in Ordnung ist. Dass sie als Mädchen an sich falsch sind.

Was kannst du tun?

Slut-Shaming und Fat-Shaming, die zwei häufigsten Varianten, gehen nicht nur von Jungs und Männern aus, sondern sie können auch von weiblicher Seite kommen. Weil wir mehr oder weniger alle die sexistische Doppelmoral in Bezug auf Frauenkörper verinnerlicht haben, ob wir es wollen oder nicht. Wichtig ist jedoch, dass wir dagegen ankämpfen. Zunächst einmal kann auf der ganz unmittelbaren Gefühlsebene gehandelt werden. Scham ist ein sehr unangenehmes Gefühl. Im schlimmsten Fall steigt sie wie siedendheißes Wasser blitzschnell in dir hoch, färbt deine Wangen rot und lässt dich wünschen, du könntest dich sofort irgendwo verkriechen und unsichtbar machen. Was du in diesem Moment – oder kurz darauf, denn Schamgefühl kann sehr überwältigend sein – tun kannst, ist, innezuhalten, dem Gefühl nachzuspüren und zu versuchen, seine Heftigkeit in Wut zu verwandeln. Wut darüber, dass andere Leute dich be- bzw. verurteilen, obwohl es ihnen in keinster Weise zusteht. Dass an Mädchen und Frauen unrealistische Standards herangetragen werden, mit denen sich Jungs und Männer meist gar nicht auseinandersetzen müssen. Dass andere Leute ein Problem haben, für das sie dir die Schuld geben wollen. Diese Wut kann sich in scharfen, schnippischen Antworten auf die BeschämerInnen äußern, die klarmachen, wer hier das eigentliche Problem ist, oder in längerfristig geplanten Aktionen (der Slutwalk ist z. B. eine riesige Antwort auf Slut-Shaming). Du kannst in nüchternen Statements darlegen, dass hier mit überalterten Moralvorstellungen oder an Frauen ausgelebtem Diät- bzw. Schönheitswahn der weibliche Teil der Bevölkerung in seine Schranken verwiesen werden soll und dass du da bewusst nicht mitmachst. Du kannst, und das ist auch etwas, das Pussy-Riot-Mitglied Nadja Tolokonnikowa, die für ihre feministischen Überzeugungen zwei Jahre im Gefängnis saß, in ihrem Buch »Anleitung für eine Revolution« empfiehlt, deinen PeinigerInnen auch einfach ins Gesicht lachen – und sie damit selbst beschämen. Längerfristig ist es sinnvoll, wenn du dir Verbündete suchst, mit denen du über diese Themen reden kannst. Ihr könnt Erfahrungen darüber austauschen, wie ihr auf solche Beschämungen reagiert habt, und euch gemeinsam Gegenstrategien ausdenken. Je mehr von euch gemeinsam auftreten, desto stärker seid ihr und desto weniger trauen sich die anderen, blöde Sprüche zu machen.

Freundinnenschaften

Was ist los?
Deine Freundinnen unterhalten sich alle über ein neues Gadget, das sie haben und du nicht, und du fühlst dich ausgeschlossen. Du hast keine Lust, dich wie sie zu schminken oder die gleichen Klamotten anzuziehen, und sie lassen dich spüren, dass sie das voll peinlich finden. Du bist frisch in jemanden verliebt und

triffst dich fast gar nicht mehr mit deiner Mädchenclique. Oder andere Leute nehmen eure Clique nicht ernst, weil sie finden, dass Mädchen alle oberflächliche Zicken sind, die dauernd nur aufeinander eifersüchtig sind und hinter dem Rücken über ihre angeblich besten Freundinnen lästern.

Was bedeutet das?

Es ist schon komisch: Einerseits wird immer wieder die soziale und emotionale Kompetenz von Frauen betont. Es wird gelobt, wie viele freundschaftliche Kontakte sie haben, wie gut sie mit Menschen reden können, und wenn es um die Pflege der Verwandtschaftsbeziehungen geht, ist sowieso klar, dass das die Frauen der Familie übernehmen: Telefonanrufe zum Geburtstag, Kuchen backen, Besuche im Pflegeheim etc.

Trotzdem sind sich aber auch alle einig, dass Männer unter anderem deswegen besser im Beruf vorankommen, weil sie so toll untereinander netzwerken können. Obwohl viele Jungs und Männer berichten, dass sie mit ihren besten Kumpels gar nicht so super über Gefühlsdinge reden können – was wiederum sehr viele Mädchen andauernd mit ihren besten Freundinnen besprechen – gibt es unzählige Bücher und Filme, die sich dem Mythos der Männerfreundschaft widmen. Freundschaften zwischen Männern, so das gutgepflegte Vorurteil, sind nicht so geschwätzig und dabei oberflächlich wie die unter Frauen, sondern sie gehen ganz tief und halten ewig. Sie gelten also als wertvoller. Unter anderem auch deswegen, weil man davon ausgeht, dass Männer weder eifersüchtig aufeinander sind, noch ihre Freundschaften durch Liebesdinge zerstören lassen. Da stehen Männer einfach drüber. Bei Frauen sieht das ganz anders aus: Da vermutet man sofort, dass sie die beste Freundin links liegen lassen, wenn der Traumprinz um die Ecke kommt, oder dass sie ihr sogar den Freund ausspannen würde, wenn sie ihn auch gut fände. Wieso nur werden freundschaftliche Beziehungen so unterschiedlich bewertet? Weil man in unserer Gesellschaft immer noch davon ausgeht, dass Frauen sich über Männer definieren und ihnen eine Zuordnung zu einem Mann einen besseren Status verleiht. Früher war es ja tatsächlich so, dass die Frauen sich einen Versorger suchen mussten, von dem sie dann abhängig waren. Auch wenn das heute schon lange nicht mehr der Fall ist, hält sich dieses Klischee dennoch hartnäckig. Frauen werden als Zicken dargestellt, die gegeneinander um die Aufmerksamkeit von Männern konkurrieren, während Männer als autonome Wesen dargestellt werden, für die eine Freundin ein hübscher Bonus, aber nichts Lebenswichtiges ist.

Was kannst du tun?

Gerade zu Zeiten, als Frauen kein bis wenig eigenes Geld hatten und von Männern abhängig waren, hat der Feminismus gezeigt, dass Frauen gemeinsam stark sind und dass sie Verbündete sein können. Das war ein unglaublich ermächtigendes Gefühl, das den Feminismus bis heute trägt. Auch wenn die meisten Mädchen und Frauen heute ihre Freundinnen heiß und innig lieben und sie nie im Stich lassen würden, egal, ob sie frisch verliebt sind, oder ob sie auf einmal einen ganz anderen Style mögen, gibt es da immer noch die Vorurteile einer Gesellschaft, die uns sagt, dass Frauen untereinander nicht wirklich solidarisch sein können. Dass sie sich sofort in den Rücken fallen würden. So wird versucht, Frauen gegeneinander auszuspielen – TV-Sendungen wie der Bachelor oder Germany's Next Top Model setzen stark darauf, Frauen als erbarmungslose Konkurrentinnen in Bezug auf einen Mann oder einen Schönheitspreis zu inszenieren. Die Analysen des Feminismus haben uns gelehrt, dass es eine patriarchale Strategie ist, Frauen auseinanderzudividieren, indem man zwischen ihnen Missgunst oder Misstrauen sät oder mit irgendeinem Preis winkt, den es zu gewinnen gilt, wenn über andere Frauen hinweggetrampelt wird. Denn wenn Frauen, die ja die Hälfte der Menschheit ausmachen, immer zusammengehalten hätten, hätte man sie nicht so leicht jahrtausendelang unterdrücken können. Daher ist es logisch, dass wir unsere Freundinnenschaften zu anderen Frauen wertschätzen und pflegen und sie nicht kleinreden lassen. Klar gibt es auch mal was zu kritisieren oder Streit, aber darüber kann man reden. Doch der Wert von solidarischen Freundinnenschaften ist nicht verhandelbar – und niemand kann ihn uns wegnehmen.

Rassismus

Was ist los?

Deine beste Freundin wird auf der Straße angepöbelt, weil sie ein Kopftuch trägt. Dir fasst jemand ohne zu fragen in deinen Afro und sagt: »Ich wollte schon immer mal wissen, wie sich die Haare von Schwarzen anfühlen«. Eine Klassenkameradin bekommt den Job im Eisladen nicht, weil sie mit russischem Akzent spricht. Eine Bekannte deiner Schwester findet keine Wohnung, weil sie einen arabischen Nachnamen hat. Deine brasilianische Austauschschülerin wird im Club gefragt, warum sie nicht sexy tanzen könne.

Was bedeutet das?

Ganz einfach: Hier zeigt sich Rassismus. Denn Rassismus ist nicht nur da, wo schutzsuchende Geflüchtete bedroht und ihre Unterkünfte in Brand gesteckt werden, sondern jeden Tag direkt vor unserer Nase und meist auch in uns selbst drin. Mädchen und Frauen sind jedoch in besonderer Weise von Rassismus betroffen, weil dieser oft gepaart mit Sexismus auftritt und sich beides so noch mal verstärkt. So gibt es z. B. Werbungen oder Flyer für Veranstaltungen, die mit (halb)nackten Frauen werben und dabei auf »Exotik« setzen, also auf die Darstellung von Women of Colour in erotischer Aufmachung, weil die als besonders ›sexuell‹ gelten sollen. Dabei greifen sie auf rassistische Stereotype aus der Kolonialzeit zurück, in denen vermeintlich ›fremde‹ und ›primitive‹ Menschen als besonders ungezügelt und deswegen sexuell ungehemmter dargestellt wurden. Diese Frauen wurden von Kolonialherren – mitunter mit diesem selbstkonstruierten Argument – auch häufig missbraucht oder vergewaltigt. Eine weitere Form von sexistischem Rassismus ist die, dass Frauen, die z. B. Kopftuch tragen, als Opfer einer männerdominierten, rückständigen Kultur abgestempelt werden, in der sie nicht einmal über ihre eigenen Körper bestimmen dürften. Sie werden dann jedoch von westlichen Gesellschaften, die selbstherrlich vorgeben, sie ›retten‹ zu wollen, nochmals zu Opfern gemacht, indem ihnen bestimmte Berufsfelder verboten werden oder indem meist nur *über* sie gesprochen wird (in Talkshows und Zeitungen), selten jedoch *mit* ihnen.

Was kannst du tun?

Protestieren und dir nichts gefallen lassen. Es ist jedoch ein Unterschied, ob du selbst von Rassismus betroffen bist oder jemand anders, z. B. eine Freundin. Wenn Letzteres der Fall ist, frag sie, was ihr in solchen Fällen wichtig wäre, und wie du sie unterstützen kannst – wenn sie das überhaupt möchte. Gut ist es auch, wenn du dir deine eigene Position klarmachst, denn die meisten weißen Menschen denken im Gegensatz zu People of

Colour, die immer wieder von der Umwelt daran erinnert werden, nie über ihre Hautfarbe nach. Falls das bei dir auch so ist, weil du weiß bist, versuche, dir bewusst zu werden, welche Privilegien du dadurch hast. Denn es ist tatsächlich so, und darauf haben intersektionale Feministinnen immer wieder hingewiesen, dass du als weißes Mädchen anders von Sexismus betroffen bist als eine Freundin, die gleichzeitig von Sexismus und Rassismus – und damit insgesamt stärker – betroffen ist. Versuche herauszufinden, wie du solidarisch handeln kannst – das ist natürlich auch wichtig, wenn du keine von Rassismus betroffenen Menschen in deinem eigenen Bekanntenkreis hast –, ohne dass du gleich den ganzen Laden übernehmen willst. So, wie die meisten Feministinnen sich nicht gerne von überfeministischen Männern bevormunden lassen wollen, die genau wissen, was im feministischen Kampf das Beste ist, wollen die meisten PoC auch nicht, dass jemand sich ihre Unterdrückung zu eigen macht. Versuche, auf der einen Seite herauszufinden, welche Form von Unterstützung von den Betroffenen gewünscht ist, und zeige auf der anderen Seite deutlich, dass du niemandem (Alltags-)Rassismus durchgehen lässt.

Wenn du selbst von Rassismus betroffen bist, gibt es viele Möglichkeiten, dich zu engagieren, auch in feministischer Hinsicht. Es gibt mittlerweile einige Hashtags wie #schauhin oder #ausnahmslos (siehe Kapitel 18), bei denen sich gegen Rassismus und Sexismus geäußert wird und zu denen du ganz einfach beitragen kannst. Oder du rufst deinen eigenen Hashtag ins Leben. Es gibt in Deutschland aber auch viele Organisationen, bei denen du dich engagieren kannst, unter anderem ADEFRA (Schwarze Frauen in Deutschland), ISD (Initiative Schwarze Menschen in Deutschland), LesMigras (lesbische und bisexuelle Migrant_innen, Schwarze Lesben und Trans*) oder GLADT

(Selbstorganisation von Schwarzen und of Color Lesben, Schwulen, Bisexueller, queerer und Trans*Personen [LSBTQ] und solchen mit Migrationsgeschichte), um nur einige zu nennen.

Kapitel 9
Male Gaze und Bechdel Test

Male Gaze

Was ist der männliche Blick?

Natürlich können alle Menschen, die sehen können, ihren Blick gezielt auf etwas richten oder von etwas abwenden, damit Begeisterung oder Ablehnung ausdrücken, Kontakt aufnehmen oder ihn verweigern, unabhängig von ihrem Geschlecht. Aber die Frage, wie und ob wir überhaupt etwas wahrnehmen können, hat auch viel mit Macht zu tun. Sehen ist nämlich kein neutraler Vorgang, sondern unsere Blicke werden durch gesellschaftliche Strukturen und Konventionen gelenkt. Wer bestimmt eigentlich, wem was wie zu sehen gegeben wird? Denn gesellschaftliche Wirklichkeit ist ja nicht einfach immer schon da, sondern wird auch gemacht, wenn wir Abbildungen von ihr sehen, also z. B. Fernsehberichte, YouTube-Videos, Spielfilme oder Werbefotografien. Wer oder was entscheidet darüber, welche Ausschnitte, welche Blickwinkel uns präsentiert werden?

»Die Einstellung ist die Einstellung. Die Einstellung von etwas und die Einstellung zu etwas«, schrieb die Filmwissenschaftlerin Gertrud Koch 1992, und die Kunst- und Medienwissenschaftlerin Susanne Lummerdings bezeichnete »Repräsentation als Realitätskonstruktion«. Wie die Kamera eingestellt wird, was sie wie aufnimmt und was sie weglässt, verrät uns also etwas über die Einstellung der Person, die sie bedient, und die Repräsentation dieser gezeigten Dinge, also die Art und Weise, wie sie dargestellt werden, darüber, wie wir unsere Wirklichkeit denken und wahrnehmen sollen.

1975 erfand die junge amerikanische Filmwissenschaftlerin und angehende Regisseurin Laura Mulvey den Begriff »The Male Gaze«, zu Deutsch »Der männliche Blick«. In einem Aufsatz, den sie zunächst als Uni-Examen schrieb und der später unter dem Titel »Visual Pleasure and Narrative Cinema« (Visuelle Lust und narratives Kino) erschien, dachte sie über Blickrichtungen, die damit verbundene Erotik und Macht im Hollywood-Kino nach. Stark verkürzt ausgedrückt argumentierte Mulvey, mit kritischer Bezugnahme auf die Psychoanalytiker Sigmund Freud und Jacques Lacan, dass Frauen im Film dazu da sind, als Objekte lustvoll angeschaut zu werden, und dass die meist männlichen Filmemacher von einem männlichen, heterosexuellen Publikum ausgehen, das sich mit dem sexuellen Blick auf die Frauen identifizieren soll. So bilden die Männer eine Gemeinschaft der Sehenden, die das Vorrecht haben, Frauen zu begutachten und sich an ihren Körpern zu ergötzen, während Frauen sich nur mit den passiven Objekten identifizieren können. Das entspringt natürlich der patriarchalen Tradition, dass das Aussehen von Frauen ihren Wert bestimmt, bei Männern jedoch ihr Handeln.

Bereits drei Jahre zuvor hatte der britische Autor John Berger in seinem Buch »Ways of Seeing«, das auf einer Fernsehserie für die BBC basierte, festgestellt, dass seit der Europäischen Renaissance in der Kunst Frauen als Angeschaute dargestellt worden seien. »Männer handeln und Frauen erscheinen«, schrieb er und bestätigte damit also das, was Mulvey zur zentralen Aussage ihres Aufsatzes machen sollte: Männer sind aktiv als Handelnde, Frauen sind passiv als Objekte; Männer sehen und Frauen werden gesehen. Er ging dabei aber noch weiter: »Männer sehen Frauen an. Frauen beobachten sich dabei, wie sie angesehen werden«. Frauen wissen also, dass sie angesehen werden und dass ihnen kein eigener, »weiblicher Blick« zugestanden wird – so können sie sich nur in den Blicken der Männer spiegeln. Die englische Feministin Laurie Penny überträgt dieses Konzept in die Jetztzeit und spricht davon, dass Frauen heute sogar einer ständigen »Surveillance«, also Überwachung ausgesetzt seien, die nicht nur ihr Aussehen einer öffentlichen Dauerkontrolle unterwirft, sondern auch ihr Verhalten.

Obwohl der Aufsatz von Laura Mulvey als einer der wichtigsten Texte einer feministischen Filmwissenschaft in die Geschichte eingegangen ist, gab es auch viel Kritik daran. Beispielsweise daran, dass sie mit essentialistischen Kategorien hantiere, wenn sie davon ausgehe, dass Männer immer aktiv und Frauen immer passiv seien, dass sie nicht bedenke, dass auch Frauen den männlichen Blick einnehmen könnten, dass es auch queere ZuschauerInnen gebe, die die Filme anders lesen würden, und dass auch Männer durchaus als Sexualobjekte gezeigt werden könnten. Doch das Konzept ist heute immer noch hilfreich, wenn wir uns darüber klarwerden wollen, wie und warum Männer und Frauen in Bildern unterschiedlich dargestellt werden. Vor allem in der Werbung und profitorientierten Unterhaltungsformaten, wo Frauenkörper nach dem Motto »Sex Sells« in Szene gesetzt werden, ist es ein nützliches Untersuchungswerkzeug. Denn Werbung funktioniert auch heute noch häufig nach dem Prinzip, dass Waren durch attraktive Frauenkörper verkauft werden sollen: »Wenn du dieses Produkt kaufst, kaufst du das abgebildete Mädchen gleich mit« oder »Wenn du dieses Produkt kaufst, kaufst du die Möglichkeit, so wie das abgebildete Mädchen zu werden und dadurch einen Mann zu erobern, gleich mit«.

Wie funktioniert der männliche Blick?

Um den männlichen Blick als solchen erkennen zu können, ist es wichtig, Bildkompositionen, Körperpositionen und Körpersprachen in Bildern und Filmen genau zu betrachten. Welche Klischees von Männlichkeit und Weiblichkeit kommen hier zum Einsatz oder werden bewusst verstärkt?

Männer werden häufig als aktiv und dominant in Szene gesetzt. Sie werden groß gezeigt, aufrecht stehend, breitbeinig, sie haben alles unter Kontrolle. Wir sehen sie als auf sich selbst beschränkt, autonom, nicht in Kontext zu jemand anderem. Ihr Blick ist direkt und geht gerne ungebrochen geradeaus. Sie lächeln meist nicht, oder wenn sie fröhlich erscheinen, dann lachen sie selbstbewusst. Ihre Kleidung ist lässig, und falls sie eng anliegend oder gar ausgeschnitten ist, vermitteln die darunter hervortretenden Muskeln ein Zeichen von Stärke, aber nicht von Verfügbarkeit.

Frauen werden hingegen oft sitzend oder liegend abgebildet. Ihre Beine sind meist eng aneinander geschmiegt oder übereinandergeschlagen, wie generell alle Gliedmaßen nah am Körper gehalten werden, um insgesamt nicht zu viel Platz einzunehmen oder zu massig zu erscheinen. Ihre Figuren werden gerne kurvig drapiert und sollen möglichst sexuell attraktiv erscheinen. Die sekundären Geschlechtsmerkmale wie Busen oder Hintern oder auch schmale Taillen und schlanke lange Beine werden betont, statt sie unter weiter Kleidung zu verstecken. Frauen sollen oft weich erscheinen und so, als würden sie gerne mit ihrer Umgebung in Kontakt treten, als wären sie ganz offen, aufnahmebereit und vor allem auf Wirkung aus. Ihr Blick ist dann verführerisch, oft von unten nach oben gerichtet, was sie, häufig in Kombination mit einem Schmollmund, fast kindlich oder unterwürfig erscheinen lässt. Oder wir sehen »sinnlich« halbgeöffnete Lippen oder ein freundliches bis anbiederndes Lächeln.

In extremeren Fällen sehen wir auch nur Teile von Frauen, z. B. in Werbefotos, die nur ein weibliches Dekolletee oder ein langes Bein im Stöckelschuh zeigen. Im Gegensatz zu Männern werden Frauen oft nur als einzelne markante Körperteile dargestellt, als fetischistische Objekte von Weiblichkeit. Sie sind dann nicht mehr als Subjekt mit einer eigenständigen Persönlichkeit zu erkennen, sondern sie sind nur noch ein Symbol von Weiblichkeit bzw. Sexiness. Diese bildliche »Zerstückelung« des weiblichen Körpers wird mitunter in Zusammenhang mit Pornographie gebracht, bei der es auch oft darum geht, nur die sexuell »interessanten« Teile der Frauen, aber nicht ihre Persönlichkeit in Szene zu setzen.

In bewegten Bildern, vor allem in Videoclips, werden Männer oft von unten gezeigt, was sie machtvoller und oft auch bedrohlicher erscheinen lässt. Frauen werden stärker auf ihre Geschlechtsmerkmale reduziert und im Gegenteil oft von oben gezeigt, die Kamera fährt ihren Körper »lustvoll« ab, als wäre sie ein Voyeur, der den Körper begutachtet. Interessant ist auch, dass, wenn Mann und Frau gemeinsam zu sehen sind und die gleiche Ethnizität haben, in der Regel die Hautfarbe der Frau heller erscheint als die des Mannes.

Blitzstatistiken:
Vielleicht bestätigen die vorigen Absätze das, was du bereits selbst immer wieder festgestellt hast. Oder du denkst dir, dass es eigentlich gar nicht sein kann, dass heute diese überkommenen Geschlechterstereotypen noch so lebendig sind. So oder so könn-

test du alleine oder mit FreundInnen eigene Blitzstatistiken erstellen, indem du z. B. in einer Modezeitschrift nachzählst, wie viele der Frauen in den Werbeanzeigen mit »sinnlich« geöffneten Lippen abgebildet sind. Oder in einer Tageszeitung auswertest, wie viele Männer und wie viele Frauen lächelnd gezeigt werden. Oder in einem Videoclip darauf achtest, wie oft die Frauen ihre (sexy) Kleidung wechseln und wie oft die Männer.

Andersrum:
Ob ein Fall von klischeemäßigem männlichen Blick vorliegt, merkst du meist ziemlich schnell, wenn du das Szenario einfach umdrehst und dann eine Situation erhältst, die den meisten Personen ungewöhnlich vorkäme: Der Familienvater steht auf einem Foto breitbeinig im Hintergrund und hält die Hände beschützend über seine Frau und seine Kinder, die vor ihm sitzen, die Mutter mit einem Baby auf dem Schoß. Wie wäre das mit der Mutter als Beschützerin im Hintergrund? Kreischende weibliche Teenies himmeln von unten eine Boyband auf der Bühne an. Und die Jungs in besinnungsloser Anbetungspose? In einer Werbung blickt eine Frau im figurbetonten, tief ausgeschnittenen Kleid, die Beine eng übereinandergeschlagen, verführerisch von unten in die Kamera. Wie lächerlich viele dieser sexy Klischee-Posen von Frauen sind, merken viele Leute tatsächlich erst dann, wenn Männer diese nachmachen. Deswegen gibt es mittlerweile im Internet viele Fotos von Jungs in »Pin-Up-Posen« die auf überkommene Rollenvorstellungen aufmerksam machen und dabei ziemlich lustig aussehen, z. B. vom amerikanischen Fotografen Rion Sabean in seinem »Men-Ups Calendar«.

Neue Formate:

In den Medien wimmelt es von Formaten, die auf die Kraft des männlichen Blickes setzen, um damit besonders viel Aufmerksamkeit zu erregen. In Casting Shows werden zwar sowohl Frauen wie Männer erniedrigt, aber Frauen sind in Sendungen wie Germany's Next Top Model, The Bachelor oder Dschungelcamp besonders häufig Objekte der Schaulust, sollen sich sexy inszenieren und werden dabei auf ihre Körper reduziert. Die Lösung kann natürlich nicht sein, diese Diskriminierungen einfach umzudrehen – schließlich gab es ja bereits Formate wie The Bachelorette (wobei die Männer dort nicht so erniedrigt wurden wie im Bachelor die Frauen). Sondern eher sich zu überlegen, wie man mit diesen Blickrichtungen unterhaltsam verwirren und sie intelligent neu anordnen könnte, ohne alte Klischees zu bestärken, vielleicht mit neuen Kleiderordnungen, Körpersprachen oder Flirtregeln. Fällt dir etwas ein?

Der Bechdel Test

Alison Bechdel ist eine US-amerikanische Cartoonistin, die zwischen 1983 und 2008 Comicstrips unter dem Titel »Dykes to watch out for« (»Lesben, vor denen man sich in Acht nehmen sollte«) veröffentlichte. In einer Episode (1985) dieses extrem einflussreichen Cartoons über lesbisches Leben in den USA erklärt eine Frau einer anderen die Mindestkriterien dafür, ob sie sich einen Film überhaupt ansieht. Diese Kriterien wurden später unter dem Titel »Bechdel Test« berühmt und lauten wie folgt:

Ich sehe mir einen Film nur an, wenn in ihm
1.) mindestens zwei Frauen vorkommen
2.) die miteinander reden
3.) über etwas anderes als einen Mann.

Was von Bechdel ursprünglich als »lesbischer Insiderwitz in einer alternativen Zeitung« gedacht war, hat eine unglaubliche Karriere gemacht. Der Bechdel Test ist mittlerweile so etwas wie das Standardwerkzeug, um die »Frauenfreundlichkeit« von Filmen zu überprüfen. Es gibt eine Website namens bechdeltest.com, auf der schon über 6000 Filme dem Test unterzogen wurden. 2014 haben sogar einige schwedische Kinos und Eurimages, ein Filmförderungsfonds des Europäischen Rates, dessen Anforderungen zu den eigenen Überprüfungskriterien für gute Filme erhoben. Nur ungefähr die Hälfte aller neuen Filme besteht den Test, doch interessanterweise spielen die Filme, die ihn bestanden haben, fast doppelt so viel Geld ein wie jene, die ihn nicht bestanden haben, wie AutorInnen der US-Website Vocativ 2014 herausfanden.

Kapitel 10
Feministische Manifeste

Wenn dir etwas nicht passt, kannst du öffentlich dagegen protestieren, Leserinnenbriefe schreiben oder Petitionen starten. Oder du kannst auch ein Manifest veröffentlichen. Das ist so etwas wie eine öffentliche, meist politische oder künstlerische Äußerung. Ein Aufruf dazu, die Dinge anders oder besser zu machen, oder eine Erklärung, wie Sachen deiner Meinung nach zu laufen hätten. Das Wort ist vom Lateinischen »manifestum«, also »offenbar«, »handgreiflich«, »klar«, abgeleitet.

Du kannst ein Manifest natürlich im stillen Kämmerlein schreiben und es niemandem oder nur deiner besten Freundin zeigen, um dir schnell Zorn von der Seele zu kritzeln. Aber Manifeste leben davon, dass sie in die Öffentlichkeit getragen und weit verbreitet werden. Und wenn deine Überzeugungen richtig gut und wichtig und vor allem spitze formuliert sind, wäre es da nicht schade, wenn niemand sie zu sehen bekäme?

Es gab bereits viele Manifeste, die den Verlauf der Menschheitsgeschichte maßgeblich beeinflusst haben: Die Erklärung der Menschenrechte aus der Französischen Revolution gehört dazu, die Unabhängigkeitserklärung der USA oder das Kommunistische Manifest von Karl Marx. Die allermeisten von ihnen wurden von Männern verfasst. Das heißt aber nicht, dass Frauen keine solchen Anleitungen für ein besseres Leben abgeliefert hätten – nur haben die in der Regel nicht so viel Aufmerksamkeit bekommen. Weil die Meinung von Frauen erstens weniger wert war und zweitens die meisten der geforderten Veränderungen die eine – herrschende – Hälfte der Menschheit in ihrer Bequemlichkeit und in ihren Privilegien eingeschränkt hätten: die Männer. Erst rückblickend wurde in vielen Fällen erkannt, wie visionär, wie zukunftsweisend die Ideen in feministischen Manifesten waren. Hier folgt eine kleine Auswahl von ihnen.

Christine de Pizan:
Das Buch von der Stadt der Frauen (1405)

Schon Anfang des 15. Jahrhunderts, als von einem organisierten Feminismus noch weit und breit nichts zu sehen war, entstand ein Buch, das sich als erstes feministisches Manifest lesen lässt. Christine de Pizan war eine in Venedig geborene französische Schriftstellerin und Philosophin, die sich und ihre drei Kinder nach dem Tod ihres Vaters – der ihr, für die damalige Zeit unüblich, eine gute Bildung vermittelt hatte – und ihres Mannes mit dem Schreiben von Büchern selbst versorgen konnte (auch das war absolut ungewöhnlich für die Zeit). In ihrem Werk »Das Buch von der Stadt der Frauen« vertritt sie die – damals ebenso unerhörte – Ansicht, dass Frauen und Männer von ihrem Wert und ihren Fähigkeiten gleich gut sind und daher auch die gleichen Rechte haben sollten. Im ersten Kapitel schildert sie ein imaginäres Gespräch mit drei auf einmal auftauchenden Lichtgestalten, »drei gekrönte Frauen von sehr edlem Aussehen«, von denen sie die erste bezüglich der Ungelehrtheit von Frauen fragt:

»Edle Herrin, wenn Sie also über einen aufnahme- und lernfähigen Verstand verfügen: Weshalb lernen sie dann nicht mehr?«

»Tochter, das hängt mit der Struktur der Gesellschaft zusammen, die es nicht erfordert, dass Frauen sich um das kümmern, was den Männern aufgetragen wurde. Und so schließt man vom bloßen Augenschein, von der Beobachtung darauf, Frauen wüssten generell weniger als Männer, und verfügten über eine geringere Intelligenz. Und dennoch kann es nicht den geringsten Zweifel geben: Die Natur hat sie mit ebenso vielen körperlichen und geistigen Gaben ausgestattet, wie die weisesten und erfahrensten Männer. Dies alles ist jedoch mit mangelnder Bildung zu erklären. Es verhält sich doch so, dass die Männer über die Frauen und keineswegs die Frauen über die Männer Herrschaft ausüben; überdies würden die Männer den Frauen niemals Macht über sich selbst zugestehen.«[89]

Olympe de Gouges:
Erklärung der Rechte der Frau und Bürgerin (1791)

Die Französische Revolution verhalf der Idee der Gleichheit der Menschen bekanntlich zum Durchbruch – Frauen blieben davon jedoch explizit ausgenommen (und übrigens auch Menschen, die nicht weiß waren). Das erzürnte die Autorin und politische Aktivistin Marie Gouze, die sich den Künstlerinnennamen Olympe de Gouges gegeben hatte, so sehr, dass sie eine eigene Erklärung zu den fehlenden Frauenrechten veröffentlichte. Zuvor hatte sie sich schon gegen Sklaverei und frauenfeindliche Doppelmoral gegenüber geschiedenen Frauen oder unehelichen Kindern ausgesprochen. Ihre Schrift, die bis heute als das wichtigste feministische Manifest gilt, führte dazu, dass sie 1793 unter Vorwänden als Monarchistin angeklagt und nach kurzem Prozess durch die Guillotine hingerichtet wurde. Erst 1986 wurde eine vollständige Ausgabe dieser bedeutenden Deklaration, die 1791 in nur fünf Exemplaren erschien, von der französischen Schriftstellerin Benoîte Groult herausgegeben.

»I Die Frau wird frei geboren und bleibt dem Mann an Rechten gleich. Soziale Unterschiede können nur im allgemeinen Nutzen begründet sein.

IX An jeder für schuldig befundenen Frau wird die volle Härte des Gesetzes angewendet.

X Wegen seiner, selbst fundamentalen, Meinungen braucht niemand etwas zu befürchten, die Frau hat das Recht, auf das Schafott zu steigen; sie muss gleichermaßen das haben, ein Podium zu besteigen; unter der Voraussetzung, dass ihre Bekundungen nicht die durch das Gesetz festgelegte öffentliche Ordnung stören.«

Sojourner Truth:
Bin ich etwa keine Frau? (1851)

Sojourner Truth war die erste Frau, die in einer aufsehenerregenden Rede die Rechte von Frauen mit denen von SklavInnen verknüpfte. Also quasi die erste intersektionale schwarze Feministin! Sie war unter dem Namen Isabella Baumfree im Staate New York in die Sklaverei geboren worden, schaffte es aber mit 29 Jahren, mit ihrer kleinen Tochter in die Freiheit zu entfliehen. Zwei Jahre später gelang es ihr sogar, ihren verkauften Sohn zurückzubekommen. Sie war damit die erste schwarze Frau, die erfolgreich einen weißen Mann vor Gericht verklagte. Nach einer religiösen Erleuchtung im Jahr 1843 benannte sie sich in Sojourner Truth (Gast der Wahrheit) um und zog als Wanderpredigerin zu Abolitionismus (Abschaffung der Sklaverei) und Frauenrechten durch das Land. Ihre Rede auf der Ohio Women's Rights Convention in Akron, Ohio, im Mai 1851, existierte zwar zunächst nur als gesprochene Rede – Truth war Analphabetin –, wurde aber dank der Verschriftlichung bald zu einem legendären Manifest gegen die Sklaverei und für Frauenrechte. Besonders die heuchlerische Doppelmoral in Bezug auf Frauen, das angeblich schwache Geschlecht, wurde hier entlarvt: Denn die nichtweißen Frauen mussten auf den Plantagen genauso hart schuften wie die Männer.

Die zweite Schriftfassung, die 1863 von der Frauenrechtlerin Frances Dana Barker Gage publiziert wurde, weicht zwar angeblich stark von der mündlichen Fassung ab, wurde aber gerade in dieser Form zu einem der wichtigsten Zeugnisse der amerikanischen Geschichte. Die Frage »Ain't I A Woman?«, also der Aufschrei »Bin ich etwa keine Frau?«, der eigentlich meinte »Bin ich als schwarze Frau weniger wert?«, ist ein bis heute nachhallender Schlachtruf, wenn es um die mehrfache Unterdrückung schwarzer Frauen geht.

Auszug:

»Der Mann sagt, dass man Frauen beim Einsteigen in eine Kutsche helfen müsse, und auch beim Überqueren von Gräben, und dass ihnen überall der beste Platz zustehe. Mir hat noch nie jemand in einen Wagen geholfen oder über eine Schlammpfütze oder den besten Platz überlassen! Bin ich etwa keine Frau? Sehen Sie mich an!«[90]

Valerie Solanas:
Manifest der Gesellschaft zur Vernichtung
der Männer (SCUM-Manifest) (1967)

Dieses Manifest kam Ende der 1960er Jahre gleich in Buchlänge daher. Das war, als die zweite Frauenbewegung entstand und die Forderungen nach kompletter Gleichberechtigung immer lauter wurden. Es ist ein echter Knaller: Die amerikanische Radikalfeministin Valerie Solanas, die später versuchte, Andy Warhol zu erschießen und mit paranoider Schizophrenie diagnostiziert wurde, spuckt darin ihren ganzen Hass auf die Männer aus. Männer seien vom Frust zerfressen, keine Frauen sein zu können, und hätten daher die Welt ruiniert. Nun sei es an den Frauen, diese Welt zu retten, indem die Männer, die Wurzel allen Übels, schlicht abgeschafft würden. Dafür sollten Frauen die Organisation SCUM gründen, die »Society for Cutting Up Men«, also die Gesellschaft zum Aufschlitzen der Männer; wobei das englische Wort »Scum« auch so viel wie »Abschaum« bedeutet. Der Ton des Textes ist dabei so ätzend, so voller Verachtung und Herablassung und dabei an vielen Stellen so komisch, dass das Manifest oft als künstlerische Parodie auf das Patriarchat interpretiert wurde. Solanas selbst beharrte jedoch immer darauf, dass sie alles todernst meine.

Auszug:

»Das Leben in dieser Gesellschaft ist ein einziger Stumpfsinn, kein Aspekt der Gesellschaft vermag die Frau zu interessieren, daher bleibt den aufgeklärten, verantwortungsbewussten und sensationsgierigen Frauen nichts anderes übrig, als die Regierung zu stürzen, das Geldsystem abzuschaffen, die umfassende Automation einzuführen und das männliche Geschlecht zu vernichten.«

»Der Mann wird von Spannungen und Frustrationen aufgefressen, weil er keine Frau ist, weil er unfähig ist, jemals Befriedigung oder Freude zu empfinden; sein Hass zehrt ihn auf – (...) im Grunde genommen ein Hass auf seine eigene wertlose Person.

Als Ventil für seinen Hass dient dem Mann die Gewalt, und da er nur sexuelle Reaktionen kennt und sehr starke Stimuli braucht, um sein halbtotes Selbst zu stimulieren, wird er dadurch sexuell ein wenig angeregt.«[91]

Donna Haraway:
Cyborg-Manifest (1985)

Donna Haraway, eine amerikanische Forscherin im Bereich von Technologie und Naturwissenschaft, fragte sich Anfang der 1980er Jahre, wie ein zukunftsweisender Feminismus aussehen könnte. Gegen essentialistische Vorstellungen aus den 1970er Jahren von Männern und Frauen, die von Natur aus eben immer genau so oder so wären, setzte sie die Figur der Cyborg: ein kybernetischer Organismus, eine Mischung aus Mensch und Maschine. Da im 20. Jahrhundert die Grenzen zwischen menschlich und tierisch, körperlich und virtuell immer mehr verschwommen wären, lägen genau hier die Chancen für einen technologiefreundlichen Feminismus. Denn wo es keine klaren Linien mehr gibt, gibt es damit auch keine klaren Identitäten und dadurch keine Ausschlüsse mehr. Das Manifest verfolgt einen »utopischen Traum, die Hoffnung auf eine monströse Welt ohne Gender« – wobei hier monströs positiv, als geschlechtslose, zukünftige Welt gemeint ist.

Auszüge:

»Die Cyborg ist eine Art zerlegtes und neu zusammengesetztes, postmodernes kollektives und individuelles Selbst. Es ist das Selbst, das Feministinnen kodieren müssen. Die entscheidenden Werkzeuge, die unsere Körper auf neue Weise herstellen, sind die Kommunikations- und Biotechnologien. Diese Werkzeuge verkörpern und erzwingen rund um den Globus neue gesellschaftliche Verhältnisse für Frauen.

(...)

Bestimmte Dualismen haben sich in der westlichen Tradition hartnäckig durchgehalten, sie waren systematischer Bestandteil der Logiken und Praktiken der Herrschaft über Frauen, farbige Menschen, Natur, Arbeiterinnen, Tiere – kurz, der Herrschaft über all jene, die als Andere konstituiert werden und deren Funktion es ist, Spiegel des Selbst zu sein.

(...)

Die Kultur der Hochtechnologien stellt eine faszinierend intrigante Herausforderung dieser Dualismen dar. Im Verhältnis von Mensch und Maschine ist nicht klar, wer oder was herstellt und wer oder was hergestellt ist. Es ist unklar, was der Geist und was der Körper von Maschinen ist, die sich in Kodierungspraktiken auflösen.

(...)

Die Metaphorik der Cyborgs kann uns einen Weg aus dem Labyrinth der Dualismen weisen, in dem wir uns unsere Körper und Werkzeuge erklärt haben.«[92]

Riot Grrrl Manifest, Bikini Kill Zine #2 (1991)

Anfang der 1990er Jahre taten sich im kleinen Collegestädt-
chen Olympia im Bundesstaat Washington an der US-amerikanischen Nordwestküste und in der Stadt Washington DC an
der Ostküste ein paar junge Frauen zusammen, die keine Lust
mehr hatten, in der Undergroundkultur immer nur die zweite
Geige zu spielen. Sie hatten nämlich festgestellt, dass in der
alternativen Musikszene, deren Teil sie waren, ziemlich altmodische Rollenmodelle vorherrschten. Die Jungs waren vielleicht Punks und für Revolution und gegen Kapitalismus, aber in
puncto Gleichberechtigung und Feminismus brauchten sie noch
einige Nachhilfestunden. Mädchen und Frauen kamen kaum als
Handelnde vor, meist nur als »die Freundin von«. Damit sich
das änderte, taten sich junge Frauen zusammen, um in Bands
wie Bikini Kill oder Bratmobile Punkmusik zu spielen, waren
politisch aktiv, machten Kunst oder Filme. Und sie schrieben
Fanzines bzw. Zines. Diese »Fan Magazine« waren unzensierte,
selbstgeschriebene, kopierte und vertriebene Hefte, in denen es
um speziell weibliche Themen ging, die sonst nie Gehör fanden:
Sexuelle Gewalt, Essstörungen, Schönheitsdiktate, Eifersucht
bzw. Solidarität unter Frauen und vieles mehr. Das bekannteste
Fanzine aus dieser Zeit war das Bikini Kill Zine, in dem hauptsächlich Kathleen Hanna und Tobi Vail, beide Mitglieder der
gleichnamigen Band, Texte schrieben. In der zweiten Ausgabe
fand sich das Riot Grrrl Manifest, das der Bewegung ihren Namen gab – die drei R in Girl sollen der Vorstellung vom harmlo-
sen, niedlichen Mädchen ein wütendes Grollen entgegensetzen.
Das Manifest der »Krawallmädchen« fordert mit mitreißendem
Zorn, dass endlich auch die Stimmen und Standpunkte junger
Frauen und Mädchen gehört werden sollen, da »Mädchen eine

||8

revolutionäre Kraft haben, die die Welt wirklich verändern kann und wird«, wie es im letzten Satz heißt.

Auszug:

»WEIL wir mädchen uns nach platten, büchern und fanzines sehnen, die UNS ansprechen, in denen WIR uns mit eingeschlossen und verstanden fühlen.

(...)

WEIL das machen / lesen / hören von coolen, uns selbst wertschätzenden und herausfordernden dingen uns helfen kann, die stärke und den gemeinschaftssinn zu entwickeln, die wir brauchen, um herauszufinden, was scheiße wie rassismus, sexismus, antisemitismus, diskriminierung aufgrund des alters, der spezies, der sexualität, des gewichts, der klasse oder körperlicher behinderungen in unserem leben anrichten.

(...)

WEIL wir wütend sind auf eine gesellschaft, die uns sagt, mädchen = blöd, mädchen = böse, mädchen = schwach.«[93]

Paul B. Preciado:
Kontrasexuelles Manifest (2000)

Auch wenn sie sehr fortschrittliche Ansichten zu sexuellen Praktiken haben, gehen doch die meisten Menschen davon aus, dass dabei in irgendeiner Weise ›natürliche‹ Geschlechtsorgane ins Spiel kommen. Nicht so der spanische Queertheoretiker Paul B. Preciado. In seinem so radikalen wie spielerischen »Kontrasexuellen Manifest«, das er im Jahr 2000 noch unter seinem Geburtsnamen Beatriz Preciado veröffentlichte, dreht sich alles um den Dildo, also einen »künstlichen« Penis. Damit könnte seiner Ansicht nach der Heterozentrismus der Gesellschaft überwunden werden, also die Tatsache, dass alle Wesen in weiblich oder männlich eingeteilt werden, ob sie wollen oder nicht. Alle sollten nur noch mit Dildos anal Sex haben, denn egal, wie der eigene Körper von Natur aus ausgestattet ist, so kann doch jede/r einen Dildo verwenden und jede/r hat ein Po-loch. Auch ein Arm oder ein Kopf kann symbolisch als Dildo gedacht werden. Damit würde die Idee des Phallus, also des Pe-nis als Machtsymbol des Mannes, ganz einfach parodiert oder sogar überflüssig gemacht. Es entsteht eine neue Gleichheit und Ungeschlechtlichkeit, die mit einer »Queerisierung der Natur« den Thesen Donna Haraways nahe kommt. In 13 Artikeln legt Preciado wie in einem staatlichen Gesetzestext »Grundsätze der kontrasexuellen Gesellschaft« fest. Auch das Beispiel eines kon-trasexuellen Vertrages wird skizziert.

Auszug:

»Der kontrasexuelle Vertrag (Beispiel)

Ich, die hier Unterzeichnende _____ verzichte aus eigenem Willen auf meine natürliche Position als Mann □ oder als Frau □.

(...)

Ich verstehe mich selbst als Dildo-Produzent, als Übersetzer und Distri-buteur von Dildos auf meinen eigenen Körper und auf jeden anderen Körper und auf jeden anderen Körper, der diesen Vertrag unterzeichnet. Ich verzichte im Voraus auf alle Privilegien und auf alle Verpflichtungen, die sich aus ungleichen Machtpositionen ergeben könnten, die durch die Wiederbenutzung und Neueinschreibung des Dildos entstehen. Ich verstehe mich als Loch und als Arbeiter des Arschlochs.«[94]

Grimes:
Ich will keine moralischen Kompromisse machen müssen, um meinen Lebensunterhalt zu verdienen(2013)

Die kanadische Musikerin Grimes ist nicht nur für ihren experimentellen, knallbunten Pop bekannt, der sich jeder Zuweisung zu einem einzelnen Musikgenre entzieht. Sondern auch dafür, dass sie ihre Unabhängigkeit im geldgesteuerten Musikbusiness mit Klauen und Zähnen verteidigt und für die Sache der Frauen eintritt. Immer wieder weist die junge Produzentin, die fast alles, vom Songwriting über Instrumente einspielen und Beats programmieren bis zu Cover Artwork und Videoshooting, selbst macht, auf die doppelten Standards hin, die auch heute noch im Bereich der Popmusik herrschen: Frauen werden auf ihr Aussehen reduziert und auf der Bühne und im Internet sexuell belästigt, man traut ihnen keine technischen Fähigkeiten zu, will sie schlechter bezahlen als die Männer, und wenn sie sich darüber beschweren, werden sie als männerhassende Hexen abgestempelt. In Interviews und auch auf ihrem Tumblr äußert sich Grimes häufig sehr offen über diese Themen – einmal kritisierte sie z. B. auf Letzterem, dass es offensichtlich in Ordnung sei, Vergewaltigungsdrohungen zu machen, aber nicht, zu sagen, dass man Feministin sei. Ihr Tumblr-Beitrag mit der Überschrift »I don't want to have to compromise my morals in order to make a living«, in dem sie sich ihren Frust über die sexistischen Ungerechtigkeiten in der Popkultur von der Seele schreibt, wurde als »Grimes' Feminist Rant« (Grimes feministische Tirade) breit rezipiert und auf vielen Websites verlinkt und diskutiert. Trotzdem hat sie den Post mittlerweile wieder gelöscht – was wohl nur ein weiterer Beweis für den Sexismus der Musikindustrie ist.

Auszug:

»ich will nicht wie ein kind behandelt werden, nur weil ich mich weigere, sexualisiert zu werden.

(...)

mich nervt es, dass männer, die nicht mal professionelle oder fähige musiker sind, anbieten, mir ›zu helfen‹ (ohne dass sie gefragt worden wären), so als würde ich nur zufällig musik machen und ohne sie ins schwimmen geraten. oder als würde die tatsache, dass ich eine frau bin, mich unfähig machen, technik zu benutzen. ich habe niemals gesehen, dass meinen männlichen kollegen ähnliches passiert wäre.

(...)

mich nervt es, wenn mir dafür gratuliert wird, wie dünn ich sei, weil ich dann besser in entwürfe direkt vom laufsteg passe.

(...)

mich nervt es, wenn eklige typen auf message boards darüber diskutieren, ob sie mich ›ficken‹ würden.

(...)

mich macht es traurig, dass mein wunsch, als gleichwertiges menschliches wesen behandelt zu werden, als hass auf männer interpretiert wird, statt als forderung danach, miteinbezogen und respektiert zu werden.«[95]

Kapitel II
Feministische Dresscodes durch die Jahrhunderte oder: Emanzipation durch Mode!

Eines vorweg: Es ist Quatsch zu denken, dass Feministinnen an ihren Looks zu erkennen wären. Auch wenn immer wieder so getan wird, als würden »die Feministinnen« sich immer *genau so* kleiden, ihr Haar *derartig* frisieren und nur *diesen* Schmuck tragen. Feministinnen sehen so gleich aus wie alle Leute, die Topfpflanzen lieben oder im Sommer gerne am Strand liegen – also total unterschiedlich. Deswegen gibt es auch T-Shirts, auf denen steht: This is what a feminist looks like! So sieht eine Feministin (oder auch ein Feminist) aus! Um klarzumachen, dass hinter jeder feministischen Überzeugung ein Individuum steckt, das seinen ganz eigenen Kopf und seinen eigenen Stil hat. Manche interessieren sich für die neuesten High-Fashion-Trends, andere finden Mode zum Gähnen. Manche tragen bequeme Wallegewänder aus Fairtrade-Hanf, andere mörderische High Heels und knallroten Lippenstift, und wieder andere Sweatpants und Bomberjacke. Oder ganz was anderes.

Trotzdem gab es in der Geschichte immer wieder bestimmte Kleidungsstücke, die mit der Befreiung von Frauen in Verbindung gebracht wurden. Weil sie gegen Konventionen verstießen und schockierend waren, weil sie mehr Bewegungsfreiheit ermöglichten, ein neues Frauenbild propagierten oder ganz einfach zum Klischee einer ganzen Bewegung ernannt wurden.

Frauenhosen

Auch wenn uns Hosen heute wie ein ganz normales Element einer weiblichen Garderobe vorkommen, musste ihre Nutzung durch Frauen heftig erkämpft werden. Nachdem die Revolutionärin Olympe de Gouges in Frankreich schon geköpft wurde, weil sie die gleichen Rechte für Frauen gefordert hatte, wurde in Paris im Jahr 1800 sogar durch einen Erlass der Polizeipräfektur verboten, dass Frauen männliche Kleidung, also auch Hosen, tragen. Dieses praktische Kleidungsstück, das früher nur die niederen Stände angezogen hatten, war auf einmal das Symbol für gleichberechtigte männliche Bürger schlechthin. Frauen waren von dieser Gleichbehandlung mal wieder ausgenommen – es sei denn, sie holten sich eine Sondergenehmigung für das Tragen von Hosen ein, was dann möglich war, wenn sie beispielsweise reiten wollten oder einen Bart trugen! Von diesen polizeilichen Erlaubnissen gab es jedoch nur extrem wenige. Von den vielen abenteuerlichen Theorien, die damals über Frauen und Männer existierten, lautete eine, dass der Unterkörper von Männern »geschlossen« sei, und der von Frauen »offen« – die Vagina wurde sich als Öffnung vorgestellt, der Penis als Nicht-Öffnung. Daher sollten Männer geschlossene Beinkleidung tragen (Hosen) und Frauen offene (Röcke). Da aber die Frauenmode dieser Zeit mit ihren vielen Lagen und Raffungen nicht nur beschwerlich, sondern auch einfach schwer war – Frauen trugen teilweise bis zu sieben Kilogramm Wäsche am Körper –, gab es verschiedenste Ideen zu einer Reform der Kleidung. Ab den 1820er Jahren machten sich Gemeinschaften, die oft auf der Basis von religiösen oder humanistischen Idealen nach dem besseren Leben suchten, Gedanken darüber, wie man Frauenkleidung verbessern könne. Dabei entstanden schon erste Gedanken zu Frauenhosen, die sich optisch allerdings deutlich von Männerhosen unterschieden.

Zu einem ersten Durchbruch verhalf die US-amerikanische Frauenrechtlerin Amelia Bloomer der Hose für die Frau. Sie hatte bei der befreundeten Feministin Elizabeth Cady Stanton ein solches Beinkleid gesehen – es ist unklar, ob diese die pludrige Hose von ihrer Cousine abgeschaut oder aus der Türkei importiert hatte (klar ist jedoch, dass Frauen jenseits westlicher Länder schon immer selbstverständlich geschlossene Beinkleider trugen) – und machte sich ab 1851 in ihrer Zeitschrift »The Lily« dafür stark. Diese unter dem Kleid zu tragende Pumphose stieß auf großes Interesse, war aber auch immer wieder antifeministischen Attacken ausgesetzt, so dass sie sich nicht durchsetzen konnte.

Erst in den 1910er Jahren gab es mit den Entwürfen des französischen Modeschöpfers Paul Poiret den nächsten großangelegten Versuche, weite Hosen unter Kleidern zu etablieren. Doch der Auftritt von Marlene Dietrich im Männer-Tuxedo im Film »Morocco« war auch 1930 noch ein Skandal. Erst in den 1960er Jahren, als der Designer André Courrèges Frauenhosen in seine Kollektion aufnahm und die Jeans ihren Siegeszug um den Globus antrat, wurde der Anblick von Frauen in geteilten Beinkleidern gewöhnlicher. Dennoch war es vielen Mädchen und Frauen noch lange verboten, in Hosen in der Schule oder am Arbeitsplatz zu erscheinen. So durften Frauen bis zum Jahr 1993 im US-amerikanischen Senat nicht in Hosen erscheinen, und 2009 wurde die Journalistin Lubna Hussein zu einer Geldstrafe verurteilt, weil sie im Sudan öffentlich Hosen getragen hatte – ursprünglich hätte sie für dieses Vergehen gegen die Sittlichkeit ausgepeitscht werden sollen.

Das Reformkleid bzw. die korsettlose Mode

Da die Mode im 19. Jahrhundert einerseits steif und überladen war, sich andererseits die Menschen aber für modernes und gesundes Leben zu begeistern begannen, gab es im Bereich der Kleidung viele Reformideen. Es gründeten sich einige Verbände, die Kleidung besser und praktischer machen wollten. In Deutschland ging aus dem 1896 in Berlin abgehaltenen *Internationalen Kongress für Frauenwerke und Frauenbestrebungen* noch im selben Jahr der *Verein für Verbesserung der Frauenkleidung* hervor. Dessen Motto lautete »Gesund, praktisch, schön« und er setzte sich vehement gegen das »Marterinstrument Korsett« und die »Straßenkehrmaschine Rock« ein. Das Korsett war den ErneuerInnen ein besonderer Dorn im Auge, gab es doch immer mehr medizinische Studien, die dessen Schädlichkeit belegen sollten. 1874 rief die US-amerikanische Autorin Elizabeth Stuart Phelps Frauen sogar dazu auf, ihre Korsetts zu verbrennen. Ab dem Moment, in dem sie aus dem »grausamen Stahl«, der so viele Jahre über ihren Brustkorb und Bauch geherrscht habe, ein Lagerfeuer gemacht hätten, würde die weibliche Emanzipation beginnen. In der Folge schrieben sich gleich mehrere namhafte ModedesignerInnen wie Paul Poiret oder Coco Chanel die Befreiung der Frauen von der Tyrannei des Korsetts auf die Fahnen. Doch der massive Anstieg an »Figur formender Wäsche« in den letzten Jahren zeigt, dass die Tage des Korsetts noch nicht gezählt sind. Für Gothic- oder S/M-Fans sind sie auch ein wichtiger Bestandteil der eigenen Dresscodes. Modeforscherinnen wie Valerie Steele haben zudem herausgefunden, dass Korsetts im 19. Jahrhundert, als sie obligatorisch waren, nicht nur als Unterdrückung empfunden wurden, sondern auch als eine der wenigen Möglichkeiten, die weibliche Sexualität auszudrücken. Auch Männer haben zu dieser Zeit übrigens oft Korsette getragen, um eine bessere Silhouette zu erreichen.

Um die Wende zum 19. Jahrhundert begannen JugendstilkünstlerInnen damit, die Reformideen in visionäre Frauenkleider umzusetzen. Die fließenden Gewänder, die Henry und Maria van de Velde, Margarete von Brauchitsch oder Alfred Mohrbutter entwarfen, sollten zeitlos sein, nicht mehr dem empfundenen Modediktat aus Paris mit seinem ständigen Wechsel unterworfen sein, und die Persönlichkeit der Trägerin betonen. Ein wenig radikaler ging es die Wiener Modeschöpferin Emilie Flöge an, die weitwallende Künstlerkleider mit geometrischen Mustern entwarf, die sie und ihr Lebensgefährte Gustav Klimt auch selbst trugen.

Die Garçonne

In den 1910er und 20er Jahren gab es einen weiteren Modernisierungsschub: In einer sich immer stärker beschleunigenden industrialisierten Welt wollten auch die Frauen mehr Bewegungsfreiheit. So rutschten die Rocksäume immer weiter nach oben und die Schuhe wurden bequemer, damit größere Schritte möglich waren, die Taille war nicht mehr eingeschnürt und die Haare wurden bis auf Nackenlänge gekürzt, was aufwendige Pflegerituale überflüssig machte. Die Verkörperung der Frau der Stunde war die Garçonne – eine weibliche Version des französischen Wortes garçon für Junge, Bub –, die ihr eigenes Geld verdiente und es auch gerne ausgab, die selbstbewusst und urban lebte und abends gerne ausging und sich vergnügte. Das Besondere an ihrem Look war, dass er den Frauenkörper ganz anders erscheinen ließ: Statt wie früher eine Sanduhrsilhouette zu formen, bei der die Kurven von Brust, Taille und Po betont wurden, hingen die Kleider nun lose am Körper, was den Frauen tatsächlich ein knabenhaftes Aussehen gab. Nicht die eng geschnürte Taille war jetzt der Mittelpunkt des weiblichen Körpers, sondern Unter- und Oberkörper bildeten durch den Schnitt der kürzeren Kleider nun zwei Rechtecke, die an der Hüfte aneinanderstießen. Zum ersten Mal zeigten die Frauen ihre Beine – und benutzten sie auch ungestüm, um zu tanzen, Rad zu fahren oder durch die Stadt zu eilen.

Der Minirock

Wer ihn in den 1960er Jahren erfunden hat, den superkurzen Rock, darüber gibt es Uneinigkeit. Ob es Mary Quant oder John Bates aus England waren oder André Courrèges aus Frankreich, ist nach wie vor umstritten. Klar ist jedoch, dass kein anderes Kleidungsstück gleichzeitig so sehr mit der Emanzipation wie auch mit der Objektifizierung von Frauen in Verbindung gebracht wurde. Vor den 1960er Jahren fand man sehr kurze Röcke, die damals noch nicht den Zusatz »Mini« hatten, nur im Sport, im Showbusiness oder in außereuropäischen Kulturen. Doch es war eine logische Folge der zunehmenden Unabhängigkeit von Frauen, dass auch die Rocksäume immer höher kletterten und immer mehr Bewegungsfreiheit ermöglichten.

Die Erfindung des Minirocks zog auch die als große Erleichterung empfundene Erfindung der Strumpfhose nach sich, die die umständlichen und unbequemen Strumpfhalter ablöste. Außerdem galten die 1960er Jahre als Zeit der sexuellen Revolution, in denen man sich von überkommenen Moralvorstellungen löste – wie auch der, dass Frauen sittsam zu sein hatten und ihren Körper nicht zur Schau stellen sollten. Doch ob die kurzen Röcke die Frauen befreiten oder ihre Körper nur dem männlichen Blick und damit auch dem Urteil über ihre Attraktivität unterwarfen, wurde und wird unterschiedlich bewertet. Es ist auffällig, dass in den 1970er Jahren die Röcke wieder länger wurden und sich die Maximode durchsetzte, was manche auf den Siegeszug des Feminismus zurückführen – doch Feministinnen des vorangegangenen Jahrzehnts hatten den Minirock selbst getragen und als Zeichen der Emanzipation gewertet. Heute jedenfalls ist der Minirock mehr oder weniger ein Kleidungsstück wie jedes andere und ruft höchstens noch Kontroversen hervor, wenn er von Männern getragen wird.

Der Unisexlook

Dass die Kleidung von Frauen und Männern unterschiedlich ist, ist für viele Menschen ein Zeichen für die Ungleichheit der Geschlechter. Tatsächlich waren vor dem Siegeszug der bürgerlichen Gesellschaft nach der Französischen Revolution die Unterschiede zwischen den Klassen größer als zwischen den Geschlechtern, denn bei den Adligen staffierten sich sowohl die Frauen wie die Männer üppigst aus, mit Rüschen, Spitze und hohen Absätzen, während die Armen in Sack und Asche gingen. Erst im 19. Jahrhundert entdeckten die Männer den dezenten, meist schwarzen Herrenanzug für sich, der bis heute kaum seine Form verändert hat, während die Mode für Frauen immer detaillierter und prachtvoller wurde. Im 20. Jahrhundert zeigte sich auch die Frauenmode nüchterner, doch fundamentale Unterschiede zwischen Männer- und Frauengarderoben blieben bestehen. Das wollten die Fans von Unisexmode, also Mode für ein Geschlecht (die von beiden Geschlechtern getragen werden kann), ändern. Der österreichische Designer Rudi Gernreich entwarf 1970 eine Unisexkollektion mit Hosen, Röcken, Tops und Bikinis, die von glatzköpfigen Männern und Frauen gleichermaßen getragen wurde. Aber auch die Kleidungsstile von Hippies näherten die Geschlechter einander an, indem auch Männer rüschige Blusen und mitunter sogar wallende Gewänder trugen – und die Frauen verzichteten aus Bequemlichkeitsgründen gerne auf BHs. Auch wenn heute die meisten Männer- und Frauenabteilungen in Kleidergeschäften immer noch streng getrennt sind (und bei den Mädchen alles rosa und bunt und bei den Jungs in gedeckten Farben ist), gewinnt das Konzept von »Genderless Clothing« oder »Agender«, also geschlechtslose Kleidung für alle, immer mehr AnhängerInnen. So präsentierte das britische Edelkaufhaus Selfridges in London im Frühjahr 2015 auf drei Etagen einen »Agender Concept Popup Store«, in dem Menschen unabhängig von ihrem Geschlecht gemeinsam shoppen konnten.

Lila Latzhose

Es gibt wohl kein Kleidungsstück, das mehr »Ich bin ein Klischee!« schreit als die feministische lila Latzhose. Sie hat es sogar schon als Zeitdokument für die Frauenbewegung der 1970er Jahre ins

Deutsche Haus der Geschichte geschafft. Nur: Die Häufigkeit, mit der man schon über sie gehört hat, steht in keinem Verhältnis dazu, wie oft sie tatsächlich getragen wurde. Es gibt unzählige Feministinnen, die noch nie in ihrem Leben eine lila Latzhose gesehen, geschweige denn eine getragen haben. Trotzdem gab es sie natürlich, und ihre Symbolik ist einfach zu verstehen. Die Latzhose wurde sich aus der männlichen Arbeitswelt angeeignet, weil sie für alles steht, was Frauen bis dahin nicht an Eigenschaften zugestanden wurde: zupackende Selbständigkeit, handwerkliches Geschick, Stärke und Unabhängigkeit, Bequemlichkeit vor Eleganz. Und Lila als weibliche, starke Farbe war ein Code der Frauenbewegung. Heute kommt die Latzhose, wie fast alle Kleidungsstücke, in unregelmäßigen Zyklen immer mal wieder in die Mode zurück. Nur lila ist sie dabei fast nie – und an Feministinnen denkt wohl auch niemand mehr.

Riot Grrrl

Die Riot Grrrls in den 1990er Jahren waren die erste feministische Subkultur, auf die sich die Medien stürzten. Während fast gleichzeitig Grunge im nahe gelegenen Seattle kommerziell ausgeschlachtet wurde, wollte die Presse unbedingt wissen, was die Ziele dieser jungen Frauen aus Olympia waren (Kurt Cobain war übrigens ein großer Fan und Unterstützer von Feminismus und Riot Grrrl). Das ging so weit, dass die Riot Grrrls, bei deren vertraulichen Meetings sich Presseleute einschlichen, einen Media Blackout beschlossen, also keinen Kontakt mehr mit den Medien haben wollten, weil die sie in der Regel sensationslustig und verzerrt darstellten. Auf großes Interesse stieß nämlich auch die Kleidung der Riot Grrrls, die als eine Art Mischung aus Oma-Style, Kleinkind und »Schlampe« beschrieben werden könnte. Sie trugen kurze Röcke und Kleidchen, die an Babydolls erinnerten, unförmige Second-Hand-Klamotten, omamäßige Blümchenmuster, klobige Schuhe, zerrissene Strumpfhosen, abgeblätterten Nagellack und Kinderspangen im Haar. Eine Abwandlung dieses Looks fand wenig später als »Girlie Style« in die Klamottenläden, als die britischen Spice Girls bereits den Schlachtruf »Revolution Girl Style Now« zum zahmeren, entpolitisierten »Girl Power« kommerzialisiert hatten. Die Riot Grrrl wollten mit ihrem Stil darauf hinweisen, dass Frauen in unserer Gesellschaft gleichzeitig infantilisiert und sexualisiert werden, also gleichzeitig als unreife Kinder und wie Sexobjekte behandelt werden. Manchmal gingen sie auch so weit, sich Wörter wie »Slut« oder »Whore«, also »Schlampe« oder »Hure« mit Lippenstift auf den Bauch zu schreiben. Das war natürlich ein gefundenes Fressen für die Presse, doch Kathleen Hanna von der Riot-Grrrl-Band Bikini Kill äußerte später in einem Interview, es sei ein wenig so gewesen, als würde man sich selbst mit der Faust ins Gesicht schlagen.

Und heute?

Wie sieht die Feministin von heute aus? Gibt es einen Look, eine Farbe, gewisse Schnitte oder wiederkehrende Kleidungselemente, die diese Frauen erkennbar macht? Tragen sie lila oder rosa, bequeme Walleklamotten oder hautenge Minikleider, orientieren sie sich an Riot Grrrl oder minimalistischen Designer-Agender-Fashions? Die Antwort auf all diese Fragen muss wohl lauten: ja und nein. Es gibt immer noch feministische Dress Codes, aber sie sind so divers und zersplittert, dass eine eindeutige Zuordnung nicht mehr möglich ist. Ob etwas ein Zitat, eine ironische Anspielung, eine Parodie oder ganz einfach ernst gemeint ist, kann heute niemand mehr sagen. Genau das macht das Spiel mit Kleidung so spannend – und es zeigt, wie vielfältig Feminismus heute ist. Und falls du jetzt Lust bekommen hast, deinen eigenen, zeitgemäßen feministischen Dress Code zu entwickeln – nur los! Denn auch diese Möglichkeit steht dir jederzeit offen.

Kapitel 12
Feministische Proteststrategien

Dass Frauen in der gesamten Menschheitsgeschichte weniger Macht als Männer hatten und bis heute immer noch nicht die Hälfte davon besitzen, ist eine traurige Tatsache. Die hat sie allerdings nicht daran gehindert, immer wieder dagegen zu protestieren – und es weiterhin zu tun. Zum Glück! Denn wenn Mädchen und Frauen nur darauf gewartet hätten, dass Jungs und Männer endlich von selbst zur Einsicht kommen, dass Gleichberechtigung irgendwie netter und eigentlich ein Menschenrecht ist, dürften wir wahrscheinlich heute immer noch nicht wählen. Die meisten Menschen geben schließlich nicht so gerne ohne Anstoß von außen eigene Privilegien auf. Wie die meisten Umwälzungen zugunsten mehr sozialer Gerechtigkeit sind auch Frauen- und Mädchenrechte nur nach massivem Druck und Engagement von mutigen VorkämpferInnen erreicht worden. Allerdings sind dabei niemals massenhaft Köpfe gerollt wie z. B. während der Französischen Revolution, die ja den Grundstein für heutige bürgerliche Demokratien gelegt hat. Auch wenn es bei feministischen Aktionen durchaus heftiger zugehen kann, werden in der Regel keine Außenstehenden verletzt. Im Gegenteil sind es meist nur die Frauen selbst, die sich körperlicher Gefahr aussetzen.

Selbstverständlich gibt es ganz viele allgemeine politische oder aktivistische Strategien, um feministische Forderungen sichtbar zu machen. Das fängt damit an, Parteien oder Personen zu wählen oder zu unterstützen, die sich besonders für Frauenrechte einsetzen. Man kann auch Petitionen für konkrete Anliegen verfassen, Unterschriftensammlungen machen oder Demos organisieren. Oder Organisationen oder Firmen, die sexistisch handeln, mit großangelegten Boykotten schaden. Auch T-Shirts mit markanten Sprüchen oder Aufkleber mit bekannten Slogans wie »Sexistische Kackscheiße«, die auf nervige Werbungen mit nackten Frauenkörpern gepappt werden können, sind eine Möglichkeit. Die Geschichte hat allerdings gezeigt, dass es darüber hinaus noch unglaublich viele andere, oft ungewöhnliche Arten gibt, das Nicht-Einverstandensein mit den herrschenden Zuständen auszudrücken. Manche von ihnen waren und sind so spektakulär, dass durch die damit entstandene öffentliche Aufmerksamkeit besonders viele Leute erreicht werden konnten. Was für die Verbreitung feministischer Anliegen definitiv ein Trumpf ist! Hier folgt eine kleine Auswahl der interessantesten Protestvarianten.

Streiks

Kein Sex
Schon im Jahr 411 vor Christus wurde ein Theaterstück des griechischen Dichters Aristophanes aufgeführt, in dem es um politischen Protest von Frauen ging. Unter dem Titel »Lysistrata« (zu Deutsch »Die Heeresauflöserin«) wird erzählt, wie die Frauen der kriegführenden Parteien Athen und Sparta sich verbünden und gemeinsam die Akropolis besetzen. Sie beschlie-

ßen, ihren kämpfenden Männern so lange den Sex zu verweigern, bis diese miteinander Frieden schließen – und sind mit diesem Liebesentzug am Ende erfolgreich. Obwohl das Thema Sexstreik die Kampfkraft von Frauen auf ihre Attraktivität für Männer reduziert und in Zeiten wie heute, in denen Frauen selbst Geld verdienen und auch politisch mitbestimmen können, nicht mehr wirklich aktuell ist, wird es immer noch ab und zu aufgegriffen. So brachte der afroamerikanische Regisseur Spike Lee Anfang 2016 einen Film mit dem Titel »Chi-Raq« ins Kino, in dem eine Gruppe von Frauen im Süden Chicagos ihren Männern, die alle als Gangster ihren Lebensunterhalt verdienen, mit dem Slogan »No Peace! No Pussy!« so lange den sexuellen Kontakt versagt, bis diese ihren gewalttätigen Bandenkrieg beenden. Dass allerdings auch im 21. Jahrhundert noch »Sex zur einzigen unentbehrlichen Kompetenz der schwarzen Frau erklärt wird, ist mehr als tragisch«, merkt die Rezensentin des Films in der Berliner Tageszeitung »taz«, Fatma Aydemir, kritisch zur heutigen Verwendung dieser Thematik an.

Keine Arbeit

Früher, als Frauen nur im Haus und in der Regel nicht für Geld arbeiteten, war es nachvollziehbar, dass sie ihre Sexualität als einziges Machtmittel einsetzten. Heute sind die Möglichkeiten jedoch viel breiter gefächert, mit Verweigerung effektiv Aufmerksamkeit zu erregen und im besten Fall sogar Veränderung zu erzwingen. Frauen waren immer schon an Arbeitsstreiks beteiligt und bestreikten Betriebe mitunter auch ganz alleine – vor allem dann, wenn es sich um speziell weibliche Arbeitsfelder handelte, wie zum Beispiel Textilarbeit. Auch heute noch sind Streiks von Arbeiterinnen in Kleiderfabriken, zum Beispiel in Bangladesch, wo sie oft unter erbärmlichen Bedingungen für wenig Geld und unter Lebensgefahr (Rana Plaza) schuften, ein wichtiges Protestmittel. Doch die Idee eines speziellen Frauenstreiks ist etwas ganz Besonderes, weil sie sichtbar macht, dass Frauen auch den Großteil der Arbeit erledigen, für die es kein Geld gibt.

Am 26. August 1970 fand in New York (und einigen anderen US-amerikanischen Städten) der erste explizit feministische Streik statt. Der »Women's Strike for Equality« (Frauenstreik für Gleichberechtigung) wurde maßgeblich von der Feministin Betty Friedan, Autorin des Bestsellers »Der Weiblichkeitswahn«, organisiert. Anlass war, dass Frauen zwar vor 50 Jahren das Wahlrecht bekommen hatten, aber immer noch massiv benachteiligt wurden. So verdienten sie im Schnitt 41 Prozent weniger Geld als Männer, durften nicht abtreiben und hatten keine Chance, in prestigereiche Jobpositionen zu kommen. Obwohl die Demo, bei der in New York rund 20 000 Menschen teilnahmen, als »Streik« tituliert war, fand sie erst um 17 Uhr statt, um auch arbeitenden Frauen das Mitmarschieren zu ermöglichen.

Eine richtige Arbeitsverweigerung ereignete sich jedoch fünf Jahre später in Island. 90 Prozent aller Isländerinnen beschlossen, am 24. Oktober 1975 weder für Lohn noch im Haushalt zu arbeiten oder Kinder zu betreuen. Stattdessen gingen sie gemeinsam unter dem Motto »Ein freier Tag für Frauen« auf die Straße. Die Auswirkungen waren gigantisch. Banken, Fabriken, Schulen und Geschäfte mussten schließen, und viele Väter waren zum ersten Mal gezwungen, sich um die Beaufsichtigung ihrer Kinder zu kümmern. Das Besondere an der Arbeitsniederlegung von Frauen ist nämlich, dass dann sehr viele vermeintliche »Selbstverständlichkeiten« wegfallen, da in der Regel sie es sind, die sich um die Erfüllung täglicher Bedürfnisse wie Kochen, Einkaufen, Putzen, aber auch Zuhören und Trösten kümmern, egal, ob sie zusätzlich für Geld arbeiten oder nicht. Vigdis Finnbogadottir, die damals mit ihrer Mutter und ihrer dreijährigen Tochter dabei war, erinnert sich in einem Interview für die BBC amüsiert, wie im Radio im Hintergrund die Stimmen von aufgeregten Kindern zu hören waren, während ihre Väter die Nachrichten verlasen. 1980, also fünf Jahre später, wurde sie zur ersten Präsidentin des kleinen Landes gewählt. Sie selbst sagt, dass das wohl nie passiert wäre, wenn sich nicht im Oktober 1975 Frauen aus den unterschiedlichsten Schichten zum Streik zusammengeschlossen und den Männern die Augen für die Bedeutung weiblicher Arbeit geöffnet hätten.[96]

»Wenn Frau will, steht alles still« – das war das Motto des großen Schweizer Frauenstreiks am 14. Juni 1991, bei dem über eine halbe Million Frauen die Arbeit niederlegten. Zehn Jahre zuvor war nämlich die Gleichberechtigung von Mann und Frau endlich als eigener Artikel in die Verfassung aufgenommen worden, aber geändert hatte sich seitdem nicht viel: Frauen verdienten immer noch viel weniger als Männer und waren zudem fast immer für Kinder und Haushalt verantwortlich. Als Fabrikarbeiterinnen in der Uhrenindustrie feststellten, dass die männlichen Lehrlinge, die sie ausbilden sollten, mehr verdienten als sie selbst, brachte das das Fass zum Überlaufen. Unter der Organisation von Gewerkschafterinnen drängten sich alte und junge Frauen aus allen Landesteilen, Arbeiterinnen, Politikerinnen, Journalistinnen, Mütter und Hausfrauen auf die Straße und machten mit lauten Pfeifen, fliegenden Eiern und rosa und lila Luftballons auf ihre Forderungen aufmerksam. Ohne diesen Druck, so sind sich rückblickend alle Beobachterinnen einig, wäre 1996 das Gleichstellungsgesetz, das endlich für die konkrete Umsetzung des Verfassungsartikels von 1981 sorgen sollte, nie vom Parlament angenommen worden.

Auch in Deutschland gab es 1994 einen Frauenstreiktag, am 8. März, dem Internationalen Frauentag. »Frauen sagen nein« und »Uns reicht's« hieß es an diesem Tag der Verweigerung, an dem Frauen einfach mal alles ablehnen sollten, was sonst von ihnen erwartet wurde. Also nicht lächeln, nicht lieb sein, nicht den Haushalt erledigen, nicht einkaufen. Es gab Arbeitsniederlegungen, Verkehrsblockaden, Demos, Frauencafés und Theateraufführungen in vielen Orten von Nord bis Süd, an denen rund eine halbe Million Frauen teilnahmen. Die Probleme, gegen die protestiert wurde, waren im Grunde dieselben wie in den USA, Island und der Schweiz: kein gleicher Lohn für gleiche Arbeit, keine Aufstiegschancen für Frauen, Gewalt gegen Frauen und vieles mehr.

Auch in der jüngeren Zeit sind Frauenstreiks noch aktuell: Am 22. Oktober 2014 besetzten Tausende von Frauen – und Männer – in der katalanischen Hauptstadt Barcelona Straßen, U-Bahn-Eingänge und Büros von wichtigen Wirtschafts- und Politinstitutionen. Mit Slogans wie »Frauen bewegen die Welt, gemeinsam können wir sie anhalten« und »Tod dem Patriarchat, Streik der Fürsorgerinnen« erzürnten sich die DemonstrantInnen, die durch über 600 feministische Organisationen zusammengebracht worden waren, in Riot-Grrrl-Manier mit wütenden Sprüchen auf Transparenten und aus der Spraydose darüber, dass die Auswirkungen des modernen, neoliberalen

Kapitalismus und der Wirtschaftskrise besonders Frauen treffen, weil diese sowieso schon weniger verdienen und sich traditionell auch noch um Schwächere – Kinder, Alte, Kranke – kümmern.

Allen Streiks von Frauen ist also gemeinsam, dass sie auf die besondere Arbeitssituation von Frauen hinweisen, die sich z. B. nicht allein mit klassisch gewerkschaftlichen Forderungen verbessern lässt: Denn auch wenn Frauen genau so viel Lohn wie Männer bekommen, heißt das noch lange nicht, dass sie nicht nach Dienstschluss noch Essen kochen, Wäsche waschen und Kinder ins Bett bringen müssen (die amerikanische Soziologin Arlie Russell Hochschild beschreibt diese zusätzliche, unentlohnte Arbeit, die meist von Frauen übernommen wird, als »zweite Schicht« nach der ersten, bezahlten Schicht in Büro, Fabrik etc.). Zudem sind die Bereiche, in denen Frauen tätig sind, oft durch besonders unsichere Arbeitsbedingungen gekennzeichnet, also besonders »prekär«. Deswegen hat eine Gruppe spanischer Feministinnen sich genau diese Gebiete vorgenommen: Tätigkeiten wie »Spracharbeit (Übersetzen und Unterrichten), Hausarbeit, Call Centers, Sexarbeit, Gastronomie, Sozialarbeit, Medienproduktion«. Unter dem Gruppennamen Precarias a la deriva (in etwa »umherschweifende Prekäre«) verfolgen sie eine andere Idee vom Frauenstreik. Als im Juni 2002 in Spanien ein Streiktag ausgerufen wurde, stellten sie nämlich fest, dass für sehr viele Frauen eine dadurch angestrebte Änderung der Regelungen in Betrieben oder durch Gesetze gar keine Verbesserung bringen würde, weil sie außerhalb von diesen traditionellen Strukturen arbeiteten – als geringfügig Beschäftigte, als Freiberuflerinnen, als kurzfristige Projektmitarbeiterinnen, als Illegale etc. Statt beim Generalstreik mitzumachen, zogen sie lieber durch die Straßen und fragten Frauen, unter welchen Bedingungen sie arbeiten, wie sie gegen ungerechte Arbeitssituationen protestieren und ob sie überhaupt streiken könnten. Daraus entstand eine Art Forschungsgruppe, die feststellte, dass es für die breit aufgesplitterten modernen Lebenssituationen von Frauen heute keine Patentlösung gibt, die allen hilft. Also weder die »Grundsicherung, Bezahlung von Hausfrauen, Arbeitsteilung oder ähnliches« ist das Allheilmittel, sondern »(j)ede Lösung wird verknüpft werden müssen«.[97] Auf die Frage »Was ist dein Streik?« gibt es hier keine einfache Antwort, denn Frauen, die sich um Schutzbedürftige wie eigene Kinder oder zu pflegende Alte kümmern, können sich nicht so einfach verweigern. Aber manchmal ist die Bearbeitung der Frage eben die interessantere Aktion als das Beharren auf einer Antwort.

Dass für effektive Streiks nicht immer unbedingt viele Leute notwendig sind, zeigt eine der bekanntesten Aktionen zivilen Ungehorsams: 1955 schaffte es eine einzige Frau, den Kurs der US-amerikanischen Geschichte zu verändern – mit einem Ein-Personen-Sitzstreik. Rosa Parks, eine afroamerikanische Aktivistin aus der Stadt Montgomery in Alabama, hatte ihr Ticket bezahlt und in der sogenannten »Colored Section« im hinteren Busteil einen Platz eingenommen. Aufgrund der rassistischen »Segregations-Politik« mussten Schwarze räumlich getrennt von Weißen sitzen, und sobald alle »weißen« Plätze besetzt waren, ihren Sitz für weiße Passagiere räumen und stehen. Rosa Parks, damals 42 Jahre alt und eine respektable Bürgerin, Ehefrau und Angestellte, weigerte sich aufzustehen und ließ sich auch nicht davon einschüchtern, dass der Busfahrer damit drohte, sie von der Polizei abführen zu lassen. So geschah es dann auch, sie kam vor Gericht und wurde zu einer Geldstrafe verurteilt, woraufhin von politischen Organisationen beschlossen wurde, dass Schwarze von nun an die Busse in Montgomery boykottieren sollten. 381 Tage hielt dieser Boycott an – bis vom Obersten Gerichtshof der USA beschlossen wurde, dass die rassistische Segregation verfassungswidrig war. Ein großer Sieg für Rosa Parks und eine wichtige Inspiration für das Civil Rights Movement, die amerikanische Bürgerrechtsbewegung, die in den 1960er Jahren erfolgreich gegen Rassismus protestierte.

Sabotage

Es gibt auch weniger sichtbare Methoden des Protestes, die dadurch aber nicht wirkungsloser sein müssen. Besonders diejenigen, die über sehr wenig oder gar keine Macht verfügen oder Angst vor Strafen haben, können diesen heimlichen Weg gut einschlagen. Denn bei der Sabotage geht es darum, Abläufe zu verlangsamen, zu stören oder Unruhe zu stiften, so dass die Verhältnisse, die man bekämpfen will, instabil werden und im besten Fall in sich zusammenbrechen. Das kann man sehr gut aus einer Deckung, aus der Anonymität heraus machen. Versklavte Frauen in den Kolonien des 18. und 19. Jahrhunderts, die sich in einer extrem machtlosen Position befanden – sie mussten bekanntlich nicht nur bis zum Umfallen schuften, sondern viele von ihnen wurden regelmäßig vergewaltigt und ihre Kinder wurden ihnen weggenommen –, wussten sich nicht nur dadurch zur Wehr zu setzen, dass sie fortliefen, sich sexuell verweigerten oder die von ihren »Besitzern« gezeugten Kinder abtrieben. Manche von ihnen setzten auch auf die Kraft der Sabotage, indem sie beispielsweise extra langsam arbeiteten oder Krankheit vortäuschten, um überhaupt nicht arbeiten zu müssen. Erst in der zweiten Hälfte des 20. Jahrhunderts, ab den 1960er Jahren, nahm auch die ArbeiterInnenbewegung, die bis dahin immer nur ›normale‹ Streiks zur Durchsetzung ihrer Forderungen genutzt hatte, diese Taktik für sich an. Besonders die italienischen OperatistInnen fingen da an, die Arbeit in den Fabriken bewusst zu behindern oder krankzufeiern, um den Produktionsprozess ins Stocken zu bringen. Ein schönes Beispiel für diese subtile Verweigerung ist auch der »Dienst nach Vorschrift«: Indem alle existierenden Regeln überkorrekt eingehalten werden – was normalerweise natürlich nie jemand tut, wofür aber niemand bestraft werden kann –, kann im Extremfall auch der ganze Betrieb aufgehalten werden, weil alles nun viel länger dauert. Im feministischen Film »Anna und Edith« (1974), in dem sich zwei Frauen im Büro ineinander verlieben, beschließen sie, den nervigen Chef, der die Mitarbeiterinnen ständig zu schnellerer Arbeit antreibt, auflaufen zu lassen, indem sie alles ganz korrekt – und damit langsamer – bearbeiten.

Sabotieren kann man aber nicht nur im realen Raum, sondern auch in der virtuellen Welt. Und das kann ziemlich lustig werden. Danielle Sucher programmierte zum Beispiel eine (englischsprachige) Erweiterung für einen Internetbrowser, der das Netz einem »Gender-Swap« unterzieht: Das heißt, dass alle geschlechtsspezifischen Bezeichnungen einfach umgedreht werden! Wenn da zum Beispiel ursprünglich steht: »Er fand es toll, wie hübsch sie aussah und wie sehr sie ihn bewunderte«, wird daraus auf einmal: »Sie fand es toll, wie hübsch er aussah und wie sehr er sie bewunderte!« Marianna Kreidler ging sogar noch weiter und machte aus dieser App einen »Gender-Neutralizer«, mit den Pronomen »ze / hir« und anderen genderunspezifischen Wörtern. Eine lustige Vorstellung, wenn man sich ausmalt, was passiert, wenn man diese Apps bei einem öffentlichen Rechner verwendet …

Einige feministische Männer bzw. Väter waren genervt davon, dass die vielen Mädchen und Frauen, die Computerspiele nutzen – ca. 45 Prozent aller GamerInnen sind weiblich! – meistens nur Geschichten oder Szenarien vorfinden, in denen die Männer tolle Helden sind und die Frauen hilflose PrinzessInnen (oder eine moderne Variante davon). Deswegen schrieben sie beliebte Spiele wie »Legend of Zelda«, »Mario Bros« oder »Donkey Kong« so um, dass ihre Töchter mit Prinzessinen zu tun haben, die sich selbst retten können, oder mit Games, wo männliche und weibliche Anreden einfach vertauscht wurden.

Eine besonders amüsante Idee hatte die »Barbie Liberation Organization« (BLO) 1993. Sie tauschten heimlich die Sprachchips in rund 300–500 Barbie- und G. I. Joe-Puppen aus, um sie dann unbemerkt wieder in die Ladenregale zurückzustellen. Diese Aktivität nannten sie »shopgiving« statt »shoplifting«, also in etwa »eingeben« statt »einklauen«. So kam es, dass der toughe Soldat G. I. Joe Sätze sagte wie »Im Sommer ist es so herrlich am Strand« und die stets so feminine Barbie Aussagen machte wie »Die Rache ist mein!«.

In Geschäften lassen sich noch mehr Dinge machen, die Kritik mit Witz verbinden: Manchmal klauen oder kaufen AktivistInnen Kleidungsstücke bei großen Textilketten, nähen zu Hause Etiketten mit Sprüchen zu Sweatshop-Arbeit oder Sizismus oder anderen Themen ein, und hängen sie unbemerkt wieder zurück in den Laden. Die nächste Konsumentin wundert sich dann, warum an ihrem neuen Kleid ein Etikett hängt, das nicht wie gewöhnlich die Konfektionsgröße anzeigt, sondern auf dem der Schlachtruf prangt: »Fuck Sizes!«

Nackt!

Enthüllung und Verhüllung

Wie das Beispiel des Sexstreiks gezeigt hat, ist auch bei Protesten der weibliche Körper bzw. die weibliche Sexualität ein sicherer Aufmerksamkeitsgarant. Dass man dabei aber nicht unbedingt dem fragwürdigen Motto »Sex Sells« folgen muss, zeigen zahlreiche Beispiele, in denen Nacktheit eher ungewöhnlich, und zwar von ironisch bis aggressiv eingesetzt wird.

Nackt auf dem Pferd

Der Legende nach ritt Lady Godiva, eine angelsächsische Adelsfrau, im 11. Jahrhundert nackt auf einem Pferd durch die Straßen von Coventry, bedeckt nur von ihrem langen Haar. Sie hatte ihren Ehemann Leofric, von dessen extremen Steuerforderungen die Bevölkerung ausgeblutet wurde, beständig angefleht, die Zwangsabgaben zu senken, bis dieser irgendwann genervt sagte, er würde ihr nachgeben, wenn sie komplett unbekleidet durch die Stadt reite. Gesagt, getan! Allerdings hatte Godiva vorab die Bevölkerung gebeten, zum betreffenden Zeitpunkt in ihren Häusern zu bleiben und die Fenster zu verrammeln, damit sie nicht gesehen würde. Die einzige Person, die sich diesem Wunsch widersetzte, war ein voyeuristischer Schneider, der hinterher erblindete und als »Peeping Tom« bekannt wurde. Eine rebellische Nacktgeschichte mit einer sehr moralischen Moral also, die auch noch nicht wirklich etwas mit Feminismus zu tun hatte.

Das berühmte Gemälde »Die Freiheit führt das Volk« vom französischen Maler Eugène Delacroix zur Julirevolution im Jahr 1830 zeigt eine barbusige Frau. Die Symbolfigur der französischen Republik, Marianne, taucht hier wie eine römische Göttin auf und soll mit ihren nackten Brüsten das Ablegen von Zwängen und die absolute Freiheit verkörpern. Dass Künstler blanke Frauenbusen malten, war seit der Antike verbreitet, doch diese Verknüpfung mit Revolution war neu. Das ist besonders interessant, da die Französische Revolution 1789 bekanntlich die »Erklärung der Menschen- und Bürgerrechte« hervorbrachte, aber jene Frau, die die gleichen Rechte auch für Frauen forderte, Olympe de Gouges, 1791 aufs Schafott für diese Anmaßung brachte.

Auch später noch, vor allem während der sogenannten Sexuellen Revolution der 1960er und 70er Jahre, wurden nackte Frauenbrüste oder -körper gerne eingesetzt, um Freiheit und Rebellion auszudrücken. Sehr oft ging es dabei aber nicht um feministische Anliegen, sondern die nackte Frauenhaut wurde eher wie eine attraktive Ware präsentiert, mit der man Werbung für bestimmte Anliegen machen konnte.

Mit dieser Spannung zwischen Ware und Protest spielt auch die Gruppierung, die momentan wohl am eindeutigsten für Nacktprotest steht. Die ursprünglich in der Ukraine gegründete Vereinigung Femen, die immer wieder für ihre undurchsichtigen Macht- und Finanzstrukturen wie auch für ihren antimuslimischen Rassismus kritisiert wird, setzt auf unbedeckte Frauenbrüste als Markenzeichen. Dazu kommen mit Farbe auf den Oberkörper geschriebene Protestslogans, die zum jeweiligen Anlass passen. An öffentlichen Orten reißen sich die Frauen ihre Oberteile vom Leib und machen mit lauten Protestrufen und den Beschriftungen auf der Haut auf ihr jeweiliges Anliegen – z. B. gegen Sexarbeit oder den Islam zu sein – aufmerksam. Die Logik hinter diesen Auftritten ist einerseits, dass Frauenkörper im Kapitalismus sowieso als Ware wahrgenommen werden, und dass es deswegen ein feministischer Akt ist, selbst über sie zu bestimmen. Andererseits argumentieren die Femenmitglieder, die in der ganzen Welt, momentan aber hauptsächlich in Frankreich zu finden sind, dass sie mit ihren wütenden Schreien und zornigen Protesthandlungen – oft werden sie von der Polizei gewaltsam abgeführt und treten dabei brüllend um sich – nicht in das Bild des sexy, verfügbaren Weibchens passen, sondern das Gegenteil davon darstellen.

Slutwalks

»Frauen sollten sich nicht wie Schlampen anziehen, damit sie nicht zu Opfern werden«. Dieser Satz eines kanadischen Polizisten sorgte im Januar 2011 für große Empörung. Statt die Schuld für sexuelle Übergriffe, Gewalt und Vergewaltigung bei den Tätern zu suchen, schob er sie den Opfern zu. Wer sich wie eine Schlampe anzieht, muss sich nicht wundern, auch so behandelt zu werden, war die Botschaft, die er damit vermittelte – ein typischer Fall von Victim Blaming. Als Reaktion darauf fand am 3. April 2011 in Toronto der erste Slutwalk, also Schlampenmarsch statt, der sich bald darauf weltweit in andere Städte verbreitete. Durch freizügige Kleidung und politische Slogans wollten die TeilnehmerInnen darauf hinweisen, dass sexy Kleidung niemals eine Einladung zu Übergriffen darstellt. Mit Sprüchen wie: »Es ist mein heißer Body, und ich mache mit ihm, was ich will«, oder »Mein Körper ist nicht dein Objekt«, und viel nackter Haut, oft demonstrativ von Reizwäsche garniert, stellten sie klar, dass eine Gesellschaft, die gewisse Personen als Schlampen abstempelt, das Problem ist, und nicht deren Kleidungsvorlieben. Allerdings wurden die Slutwalks in der

Folge auch dafür kritisiert, dass sie mit dem Begriff »Schlampe« nicht sensibel genug umgingen. Denn für Frauen, die aufgrund von Rassismus oder Klassismus sowieso schon oft als Schlampe beschimpft würden, sei die Situation eine spezielle: Wer aufgrund der Hautfarbe oder sichtbarer Armut sexistisch angegriffen würde, könnte diesen Begriff nicht so problemlos für sich ins Positive drehen wie weiße Mittelklassepersonen. Für viele Women of Colour, Roma, dicke oder arme Frauen gehört es nämlich zum Alltag, als Schlampe bezeichnet zu werden, weil all die Vorurteile ihnen gegenüber meistens auch noch sexistisch aufgeladen werden.

Es gibt feministische Bewegungen, bei denen Entblößungen nicht auf ein politisches Anliegen hinweisen sollen, sondern wo der nackte Busen selbst der Gegenstand des Protestes ist. Denn in vielen Ländern dürfen sich zwar Männer mit nacktem Oberkörper zeigen, Frauen aber ist es gesetzlich verboten – auch am Strand! In den USA, wo das der Fall ist, gibt es daher eine »Free the Nipple«-Bewegung (manchmal auch »Top Freedom« genannt), der sich 2016 auch ein Spielfilm mit dem gleichen Titel widmete. Die »Befreiung der Nippel« wird schon lange auf Gay-Pride-Paraden praktiziert, wo lesbische (und andere) Frauen stolz mit nacktem Oberkörper mitmarschieren. Im Gegensatz zu Femen, in deren Reihen meist junge, schlanke, weiße und normschöne Frauen ihre perfekten nackten Busen zeigen, geht es dabei nicht darum, Stereotypen von weiblicher Sexiness zu bedienen. Im Gegenteil soll der weibliche Busen hier so wie die männliche Brust als ganz normaler Körperteil gesehen werden, der fernab ist von erotischen Aufladungen, Tabus und Sexphantasien.

Um Ähnliches geht es auch Müttern, die in der Öffentlichkeit

»Still-Ins« abhalten, also demonstrativ stillen. Weil es ihnen auf die Nerven geht, dass manche Menschen sich von diesem Vorgang belästigt fühlen, da sie eine Frauenbrust nicht anders als sexualisiert wahrnehmen können.

Verhüllung

In Zeiten allzeit abrufbarer pornographischer Bilder ist eine enthüllte Frauenbrust für viele Menschen vermutlich weniger schockierend als eine Frau, die ihre sogenannten »weiblichen Reize« absichtlich verhüllt. Abgesehen von westlichen Ängsten vor islamistischem Terror ist das sicherlich einer der Gründe, warum vollverschleierte Frauen zu Irritationen oder gar Aggressionen führen. Wir sind es so sehr gewöhnt, dass Frauen ihre körperlichen Eigenschaften möglichst vorteilhaft – durch enganliegende oder ausgeschnittene Kleidung – in Szene setzen, dass uns der »versteckte« Frauenkörper unter wallenden Gewändern verstört. Unabhängig davon, wie man die meist religiöse Komponente eines solchen Kleidungsstils beurteilt, wird dieses »Verstecken« auch als ein sich Verweigern gegenüber dem Diktat, dass Frauen allzeit attraktiv und sexy zu sein hätten, gesehen. Die anonyme feministische Graffiti-Künstlerin Princess Hijab spielt mit genau diesen Vorstellungen, wenn sie mit schwarzer Sprayfarbe freizügige Werbungen »hijabisiert«. Sie sprüht dabei schwarze Umhänge, also Hijabs, auf entblößte idealisierte Körper auf Werbeplakaten. Dabei geht es ihr darum zu zeigen, wie sehr Körper, Nacktheit, Attraktivität im Kapitalismus zu Waren geworden sind, die wir tagtäglich ohne nachzudenken mit unseren Blicken konsumieren. Gerade dadurch, dass sie auch Männerkörper in schwarze Hijabs verpackt, was für besondere Verfremdungseffekte sorgt, weist sie daraufhin, wie sehr normalerweise Frauenkörper im Kreuzfeuer der Kritik stehen. Denn sie werden in gleicher Weise dafür kritisiert, entweder zu wenig oder zu viel verhüllt zu sein.

Wenn es um die religiöse Dimension dieser Debatte geht, ist es immer wichtig, darüber nachzudenken, wer sich wo befindet. Für Frauen im Iran, wo der Islam Staatsreligion und die Verhüllung des weiblichen Körpers per Gesetz befohlen ist, ist es ein rebellischer Akt, Fotos von sich selbst mit unbedecktem Haar unter dem Label »My Stealthy Freedom« (meine heimliche Freiheit) im Internet zu posten, wie es Tausende von mutigen Frauen seit 2014 getan haben. In Ländern jedoch, in denen offiziell Religionsfreiheit herrscht, z. B. in Europa, verstehen es Muslimas, die sich freiwillig für das Tragen des Kopftuchs entscheiden und deswegen oft als rückständig oder unterdrückt angefeindet werden, manchmal auch als Akt des Widerstandes, sich zu bedecken. So reagierten britische muslimische Frauen auf den von Femen ausgerufenen »Topless Jihad Day« gegen Islamismus 2013 mit dem Hashtag #MuslimahPride. Darunter posteten sie Fotos von sich selbst mit Kopftuch und Sprüchen wie »Nacktheit befreit mich nicht, und ich muss von niemandem gerettet werden«.

Es gibt aber auch Proteste, die Ver- und Enthüllung miteinander kombinieren. In Paris stöckelten 2010 zwei junge Studentinnen als »Niqabitches«, also in etwa »Schleierschlampen«, durch die Straßen, um gegen das Burkaverbot zu protestieren. Dabei trugen sie einen schwarzen Umhang mit Gesichtsschleier, der nur einen Sehschlitz für die Augen frei ließ. Allerdings hörte der Umhang direkt unterhalb der Hüfte auf, so dass die nackten Beine in schwarzen Stöckelschuhen komplett sichtbar waren. Sie trugen also eine Kombination von Burka und ultrakurzem

Minirock, um zu zeigen, dass beides als extrem wahrgenommen werden kann, aber niemand das Recht haben sollte, Frauen ihren Kleidungsstil vorzuschreiben, so lange er freiwillig gewählt ist.

Mit Religion oder Bekleidungsvorschriften beschäftigen sich die Guerilla Girls aus New York nicht, dafür aber mit Kunst. Die Mitglieder dieser 1985 gegründeten Gruppe von Künstlerinnen, die gegen Sexismus in der Kunstwelt protestiert, tritt in der Öffentlichkeit immer nur mit Gorillamasken auf. Diese sind zu ihrem Markenzeichen geworden und helfen ihnen zudem, ihre Anonymität zu wahren. Das bekannteste Plakat der Gruppe von 1989 zeigt eine liegende nackte Frau – aus einem berühmten Bild des französischen Malers Ingres, »Die große Odaliske« von 1814, ›geklaut‹ –, die eine Gorillamaske auf dem Kopf trägt. Neben ihr steht die Frage, ob Frauen nackt sein müssen, um ins Museum zu kommen. Darunter folgt die Auflösung in Form einer Statistik: Weniger als fünf Prozent im New Yorker Metropolitan Museum gezeigten Kunstwerke stammten 1989 von weiblichen Künstlern, dafür waren aber 85 Prozent der dargestellten Objekte nackte Frauen! (Im Jahr 2011 zählten sie noch mal nach, und zu diesem Zeitpunkt sah es nicht wirklich besser aus: Vier Prozent der Werke kamen da von Frauen, und 76 Prozent der Nackten waren weibliche Akte). Auch ein weiteres Update kam in den letzten Jahren dazu: Auf den Körper der liegenden Odaliske wurde das Bild einer nackten Frau aus einem Videoclip geklebt, auch ihr Kopf von einer Gorillamaske verdeckt, und daneben die Frage formuliert: Müssen Frauen nackt sein, um in Musikvideos zu kommen? Während 99 Prozent der Typen in diesen Videos angezogen sind?

Spektakulär

Die meisten Proteste leben davon, dass besonders viele Leute sie mitbekommen. Die Aufmerksamkeit kann wie bei Demos oder Streiks durch die schiere Masse an Menschen steigen, sie kann durch besondere Hingucker wie Nacktheit erregt werden, durch den Einsatz von Humor oder eben durch besonders spektakuläre Aktionen. Besonders in den Hochzeiten der Frauenbewegungen taten sich Feministinnen derart hervor. Die englischen Suffragetten, die zu Beginn des 20. Jahrhunderts für das Frauenwahlrecht kämpften, waren bekannt für ihre radikalen Methoden. Steinewerfen, Brandstiftung, Bombenlegen und Hungerstreiks gehörten dazu. Emily Wilding Davison, eine ihrer militantesten Mitstreiterinnen, wurde aufgrund ihrer Aktionen neunmal ins Gefängnis geworfen und, wenn sie in Hungerstreik ging, gewaltsam zwangsernährt. Im Juni 1912, als sie und andere Suffragetten im Holloway Gefängnis wieder einmal zwangsernährt wurden, warf sie sich zehn Meter tief eine Treppe hinunter, um dagegen zu protestieren. Doch am 4. Juni 1913 wurde sie Teil der drastischsten Aktion der Suffragetten, die zu ihrem Tode führte. An diesem Tag besuchte sie das Epsom Derby, ein Pferderennen in Surrey. Als das Pferd des damaligen Königs King George V. auf sie zugaloppierte, stürmte sie auf die Rennbahn und versuchte, etwas am Zügel des Pferdes zu befestigen. Sie wurde erfasst und vom ebenfalls stürzenden Pferd so niedergetrampelt, dass sie vier Tage später ihren Verletzungen erlag. Bis heute ist nicht klar, was sie an die Zügel anheften wollte. Es wird vermutet, dass es eine beschriftete Flagge oder ein Tuch war, um für ihre Organisation Women's Social and Political Union oder ganz einfach für das Wahlrecht für Frauen zu werben.

Während die Proteste der Suffragetten meist todernst waren, da auch ihre Situation aufgrund der drohenden Strafen todernst war, plante die nächste Frauenbewegung ab den 1960er Jahren ihre Aktionen oft mit Humor. Dank der vorangegangenen Generation hatten sie schon mehr Rechte – wie das Wahlrecht und das Recht, arbeiten zu gehen –, und sie waren auch besser durch Gesetze vor Verfolgung geschützt. So konnten sie lockerer an die Proteste herangehen. Mit Witzen kann man einerseits gut Aufmerksamkeit und Interesse erregen, andererseits kann man aber auch das, worüber man sich ärgert, veräppeln und ihm damit seine Macht nehmen.

Am 7. September 1968 sollte in Atlantic City in den USA wieder einmal eine Miss America gekürt werden: die schönste Frau des Landes. Weil es sie störte, dass Frauen hier nur nach ihrem Aussehen bewertet wurden, versammelten sich ca. 400 Demonstrantinnen – unter großem Medieninteresse. Allerdings hatten die Aktivistinnen vorher verlangt, dass nur weibliche Reporter kommen sollten. Denen – und den rund 600 Männern, die wiederum gegen den feministischen Protest protestieren – hielten sie Schilder mit Sprüchen wie »Willkommen zur Miss America Viehversteigerung«, »Wer Fleisch will, soll zum Metzger gehen« oder »Alle Frauen sind schön« entgegen. In eine große Mülltonne mit der Aufschrift »Freedom Trash Can«, also Befreiungsmülltonne, warfen sie alles, was ihrer Meinung nach zur Unterdrückung der Frauen beitrug: lauter Dinge, die Weiblichkeit darauf reduzierte, gut auszusehen, sexy, aber eine brave Ehefrau zu sein. Es flogen Ausgaben des Playboy-Magazins hinein, unbequeme Stöckelschuhe und spießige Lockenwickler. Auch einengende BHs waren dabei, wurden aber nicht verbrannt. Denn dieser bekannteste Mythos über den Feminismus, dass Frauen ihre Büstenhalter verbrannt hätten, stimmt gar nicht. Es war geplant gewesen, die ganze Tonne in Brand zu setzen, allerdings hatten sie keine Feuergenehmigung der Stadt bekommen. Stattdessen jedoch krönten sie ein lebendiges Schaf zur Miss America, weil sie fanden, dass die Missen wie Tiere auf einem Viehmarkt auf ihre körperlichen Pluspunkte abgeklopft würden. Als die Gewinnerin des Schönheitswettbewerbes im Saal gekrönt wurde, entrollten einige Demonstrantinnen, die sich hatten hineinschleichen können, ein Transparent. Auf dem stand: »Women's Liberation«, also »Frauenbefreiung« – und es verhalf der Bewegung zu weltweiter Aufmerksamkeit in der Presse. Der Protest der hauptsächlich aus New York angereisten Feministinnen richtete sich aber nicht nur gegen die Reduktion von Frauen auf ihre Körper, sondern auch dagegen, dass mit Hilfe von großen Sponsoren mit den Körpern dieser Missen eine Menge Geld verdient wurde. Und dagegen, dass die Missen immer zu im Ausland stationierten amerikanischen Militärtruppen gekarrt wurden, unter anderem auch in den Krieg nach Vietnam, um den Patriotismus der Soldaten mit Sex Appeal anzuheizen. Auch um einen anderen Punkt ging es: Dass seit der Gründung des Wettbewerbes 1921 immer nur weiße Frauen ins Finale gekommen waren! Damit wurde definiert, dass wahre Schönheit nur weiß sein kann. Als Gegenreaktion hatte einige Tage zuvor übrigens einige Straßen weiter der erste Miss Black America-Wettbewerb stattgefunden.

In Deutschland war es eine fliegende Tomate, die einen ähnlichen Effekt hatte. Nur sechs Tage nach den Miss-America-Protesten fand in Frankfurt am Main eine Konferenz des Sozialistischen Deutschen Studentenbundes (SDS) statt. An diesem 13. September 1968 stellte die Filmemacherin Helke Sander die neue feministische Gruppe vor, deren Mitglied sie war: den

Aktionsrat zur Befreiung der Frauen aus West-Berlin. Die dort organisierten Frauen hatten sich zusammengefunden, weil sie die Forderungen der linken Studentenbewegung unterstützten, dabei aber feststellten, dass sie sich nicht im gleichen Ausmaß wie die Männer dafür engagieren konnten, weil auch in ihren Kreisen altmodische Rollenmodelle verbreitet waren. Das hieß: Die Männer machten nächtelang Politik, die Frauen mussten sich währenddessen hauptverantwortlich um Kinderbetreuung und Haushalt kümmern. Deswegen entwickelten sie die Idee von selbstverwalteten, antiautoriären Kinderläden. Dort konnte der Nachwuchs abwechselnd von AktivistInnen betreut werden, während die anderen Zeit für politische Arbeit hatten. In ihrer Rede kritisierte Sander, dass auch in linken Kreisen das Politische und das Private als getrennte Bereiche betrachtet würden, die nichts miteinander zu tun hätten. Dadurch müsste man nicht über die Arbeitsverteilung im Privaten sprechen, die dazu beitrüge, dass Frauen durch ihre häuslichen Verpflichtungen nicht so aktiv an der Politik teilnehmen könnten wie Männer. Schon vorher hatte es Stimmen gegeben, die meinten, das »Frauenthema« solle auf dem Kongress gar keinen Platz bekommen – es erschien wohl zu unwichtig. Und tatsächlich war es dann so, dass nach Sanders Rede die Veranstaltung einfach mit den männlichen Sprechern weiterging, als sei nichts passiert. Niemand ging auf die Forderungen der Frauen ein. Das machte die anwesende Studentin Sigrid Rüger so wütend, dass sie eine Tomate auf den nächsten Vortragenden warf, den SDS-Theoretiker Hans-Jürgen Krahl. Die Medien berichteten über diesen Streit zwischen »Genossen und Genossinnen«, so dass die Öffentlichkeit davon erfuhr und sich in vielen Städten Aktions- oder Weiberräte gründeten.

Zwei Jahre später trat die französische Frauenbewegung mit einer Aktion erstmals an die Öffentlichkeit. Am 26. August 1970 – am gleichen Tag wie der große amerikanische Frauenstreik – legten einige Mitglieder des neugegründeten Mouvement de libération des femmes, MLF (Bewegung für die Befreiung der Frauen), am Arc de Triomphe einen Kranz für die Frau des »Unbekannten Soldaten« nieder – mit dem Spruch: »Es gibt jemanden, der noch unbekannter ist als der unbekannte Soldat, seine Frau«. Damit wiesen sie daraufhin, dass um Frauen, die doch die Hälfte der Menschheit stellen (und sie zudem in der Regel ernähren und nicht umbringen wie Soldaten), viel weniger Aufhebens gemacht wird als um Männer. Im gleichen Jahr hielt die Frauenzeitschrift »Elle« Generalversammlungen für Frauen ab, um über Frauenrechte zu diskutieren. Der MLF waren diese Treffen, die von einem Magazin organisiert wurden, das stereotype Schönheitsideale zeigte und damit in ihren Augen nicht gerade feministisch war, viel zu wenig radikal. Also entschieden sie sich dazu, auch mitzumachen und die Fragebögen, die dort ausgeteilt wurden, ein wenig aufzumischen. Mit ätzender Kritik formulierten sie die Fragen um. Aus der Frage von »Elle«: »Halten Sie es für eine gute Idee, dass Frauen berufstätig sind?«, wurde bei den Feministinnen: »Glauben Sie, dass Frauen, die 60 Stunden in der Woche gratis arbeiten und dabei komplett von ihrem Ehemann abhängig sind, das Recht haben sollten, 110 Stunden in der Woche zu arbeiten, um die gleiche wirtschaftliche Unabhängigkeit zu erreichen, die ihre Ehemänner mit nur 40 Stunden Arbeit in der Woche erreichen?«

Eines der folgenreichsten feministischen Protestspektakel führte die russische Punkband Pussy Riot (»Muschirebellion« auf Deutsch) am 21. Februar 2012 in einer Kirche auf. Die nur aus Frauen bestehende Punkgruppe, deren Mitglieder immer anonym in einer »Uniform« aus bunten Leggings, Kittelkleidern und das Gesicht verdeckenden Strickhauben auftraten, hatte sich erst wenige Monate vorher gegründet. An öffentlichen Orten wie U-Bahnhöfen, Bus- oder Gefängnisdächern bauten sie in Windeseile ihre minimale Musikausstattung auf und brüllten zu schrubbigem Gitarrensound ihren Zorn auf die diktatorische Herrschaft von Putin, die Unterdrückung von Frauen und von Meinungsfreiheit heraus. Mit ihrem Auftritt in der Moskauer Christ-Erlöser-Kathedrale protestierten sie gegen die Verstrickungen der Russisch-Orthodoxen Kirche mit der russischen Regierung und dem Geheimdienst. Obwohl offiziell eine Trennung von Staat und Religion besteht, hatte Kyrill I., der extrem reiche Patriarch der Russisch-Orthodoxen-Kirche, also ihr geistliches Oberhaupt, den extrem mächtigen Präsidenten Putin im Wahlkampf unterstützt. Die fünf Frauen drangen in einen Bereich der Kathedrale ein, den normalerweise nur Geistliche betreten dürfen, und führten ihr gerade einmal 41 Sekunden dauerndes »Punkgebet« auf. Sie warfen sich dabei wie Betende auf den Boden, hüpften wild herum und riefen »Mutter Gottes, du Jungfrau, vertreibe Putin«, »Göttlicher Dreck!« und »Mutter Gottes, du Jungfrau, werde Feministin!«. Als sie binnen kürzester Zeit von Wachleuten gepackt wurden, die ihnen teilweise die Masken vom Gesicht rissen, flohen sie und stellten ein Video der Aktion abends ins Netz. Das verbreitete sich rasend schnell, und als Putin davon Wind bekam, wurde schnell klar, dass die Frauen mit Verhaftung und Gefängnisstrafen rechnen mussten. Denn so eine Beleidigung, zumal durch eine Truppe junger Frauen, konnte sich der allmächtige Beherrscher Russlands, der keine andere Meinung als seine duldet, nicht gefallen lassen. In einem vor Ungerechtigkeiten und Absurditäten strotzenden Prozess – Zeuginnen behaupteten, sie seien von dem »Satanstanz« in ihren religiösen Gefühlen so verletzt worden, dass sie dauerhaft traumatisiert seien – wurden drei Pussy Riots am 12. August 2012 wegen »Rowdytums aus religiösem Hass« zu zweijährigen Haftstrafen verurteilt. Bei einer von ihnen, Jekaterina Samuzewitsch, wurde die Haft im Oktober in eine Bewährungsstrafe umgewandelt. Doch Nadeschda Tolokonnikowa und Marija Aljochina, beide erst Anfang 20 und Mütter von kleinen Kindern, mussten bis Weihnachten 2013, als Putin ihnen gönnerhaft in einer Amnestie drei Monate ihrer Haftstrafe erließ, unter schwierigsten Bedingungen im Knast ausharren. So kann also eine feministische Performance, die bei uns unter »Freiheit der Kunst« fällt, in anderen Ländern drastische Folgen haben. Doch das Gute ist: Nadja und Marija haben sich nicht einschüchtern lassen, haben nach ihrer Freilassung nicht das Land verlassen und setzen sich nach wie vor lautstark für Frauenrechte und Meinungsfreiheit ein – und jetzt zusätzlich auch gegen die katastrophalen Haftbedingungen in ihrer Heimat, die sie aus leidvoller Erfahrung selbst kennen.

Aber auch Männer können spektakuläre Aktionen für die Sache der Frauen starten: So gibt es an verschiedenen Orten der Welt und zu verschiedenen Anlässen »Walk a Mile in Her Shoes«-Rennen. Dafür ziehen sich Männer Stöckelschuhe an und machen ein kurzes Wettrennen gegeneinander. Was ziemlich lustig aussehen kann. Damit soll symbolisch darauf aufmerksam gemacht werden, unter welchen erschwerten Bedingungen Frauen heute immer noch für Gleichberechtigung kämpfen. Nicht umsonst hieß ein Buch der feministischen Autorinnen Cheryl Benard und Edit Schlaffer »Rückwärts und auf Stöckelschuhen«. Sie wählten das Bild des Paartanzes, um zu zeigen, wie viel schwieriger die Bedingungen für das angeblich so »schwache« Geschlecht sind. Während die Männer vorwärts und auf bequem flachen Sohlen tanzen dürfen, müssen die Frauen sich rückwärts und auf hohen Hacken durch den Raum bewegen – und dabei auch noch besonders grazil aussehen.

Kreativ und typisch weiblich?

Oft sind Proteste gut, wenn sie laut sind, zornig und viel Wirbel verursachen. Manchmal kann es aber auch sehr wirksam sein, etwas leiser, aber dafür kreativ Zeichen zu setzen. Schon die Suffragetten waren sehr phantasievoll, wenn es darum ging, für das Wahlrecht von Frauen zu werben: In Washington D. C. führten am 3. März 1913 vor dem Finanzamt mehr als 100 Frauen und Kinder ein »Tableau«, also eine Art lebendiges Gemälde, auf. In klassischen Kostümen traten sie als allegorische Figuren wie Freiheit, Gerechtigkeit und Frieden auf. Oder als wichtige Frauen aus der Geschichte, z. B. Sappho oder Jeanne d'Arc – vor mehr als 20 000 ZuschauerInnen!

In London wurde von Künstlerinnen ein eigenes »Suffrage Atelier« gegründet, um dort Poster, Banner und Pamphlete zu produzieren. Auch adrette Stickarbeiten mit Sprüchen wie »No Vote No Tax« – denn Frauen mussten damals zwar Steuern zahlen, durften aber trotzdem nicht wählen – stellten sie her. Diese Tradition setzt sich bis heute fort, wenn begeisterte HandarbeiterInnen immer neue Wege finden, sich gegen Missstände zu äußern. Unter dem Namen »Radical Crafting«, also »Radikale Handarbeit«, betätigen sich seit den 00er Jahren vor allem junge Frauen als Kritikerinnen im öffentlichen Raum. Sie besticken Bauzäune mit Parolen gegen Verdrängung von ärmeren StadtbewohnerInnen, sie machen mit Kreuzstich-Flyern gegen die Ausbeutung von Frauen in Sweatshops mobil, die sie in Einkaufsstraßen aufhängen, sie stricken Autos und Panzer ein, um gegen Umweltverschmutzung und Krieg zu protestieren, und sie fertigen Stencils, also Schablonen an, um die Gesichter ihrer feministischen Superheldinnen überall hinsprühen zu können. Das Interessante an dieser Bewegung ist, dass Frauen sich dabei Techniken bedienen, die eng mit Vorstellungen von Weiblichkeit und damit auch Häuslichkeit verknüpft sind. Wir alle kennen das Bild von der braven Hausfrau, die inmitten ihrer Kinder zu Hause sitzt und Socken stopft oder einen Spitzenvorhang häkelt. Diese Frauen werden als völlig ungefährlich und als das Gegenteil von Rebellion dargestellt, wohingegen die Craftivists (Kombination von Crafting und Activists) sagen: Wer einen Kuchen backen kann, kann auch eine Bombe bauen! So können also die zahmen Stricknadeln im übertragenen Sinne auch zu Waffen werden.

Auch mit einem Fest kann man wunderbar protestieren: Indem man das feiert, von dem man gerne mehr hätte. Ladyfeste zeigen, dass es auf Bühnen viel zu wenige Frauen und feministische Inhalte gibt – was aber nicht daran liegt, dass es zu wenige KünstlerInnen dafür gäbe, sondern zu wenige Auftrittsmöglichkeiten. Als die VertreterInnen der Riot-Grrrl-Bewegung älter wurden und feststellten, dass der Schwung der Bewegung ausgeklungen war, viele der von ihnen kritisierten Zustände aber immer noch aktuell waren, überlegten sie sich einen neuen

Namen und eine neue Strategie. Statt Grrrls waren sie nun Ladys, denn eine Lady ist eine respektable Dame, die sicher nicht mit der E-Gitarre auf einer Punkrockbühne steht – eigentlich. Doch genau das taten sie und deuteten, wie schon damals bei den Grrrls, die Bezeichnung ironisch um. Das erste Ladyfest fand im August 2000 an der Geburtsstätte von Riot Grrrl, in Olympia an der US-amerikanischen Westküste, statt. Die Idee verbreitete sich von dort aus um den gesamten Erdball, so dass mittlerweile in zahllosen Städten der Welt selbstorganisierte Ladyfeste stattgefunden haben. Es gibt kein zentrales Konzept dafür, sondern alle machen daraus das, was sie für richtig halten. Meistens gibt es Konzerte, Filme, Lesungen, Workshops und Aktionen, die mit viel Spaß dafür eintreten, dass Frauen und feministische Themen mehr Platz in unserer Gesellschaft und Unterhaltungskultur bekommen sollen.

Was es auf Ladyfesten auch manchmal zu sehen gibt, sind Radical Cheerleaders. Die betreiben eine weitere Umdeutung von einer typisch weiblichen Angelegenheit. All die Klischees, die die Menschen zu dieser – körperlich übrigens sehr anstrengenden! – Sportart im Kopf haben, werden hier absichtlich umgedreht. Denn die radikalen CheerleaderInnen – auch Männer sind dabei – sehen nicht so aus, wie man sich diese Gymnastinnen vorstellt, und sie rufen auch ganz andere Slogans, die bei ihnen übrigens Cheers heißen. Nicht nur blonde, schlanke, adrette Mädchen mit tiefen Ausschnitten zeigen hier ihre perfekten Tanzschritte und -figuren, sondern Menschen aller Körperformen, in trashigen bis lustigen Klamotten und mit selbstgebastelten Pompons. Sie organisieren eigene Proteste oder begleiten Demos. Mit ihren – oft bewusst chaotischen – Tänzen machen sie auf sich aufmerksam. Wenn sie Parolen rufen, dann klingen die zum Beispiel so: »Eins zwei drei vier, über uns're Körper bestimmen wir!«

Die Radical Cheerleaders könnte man als Teil einer größeren queeren Bewegung begreifen, die unter dem Namen »Pink & Silver« bekannt ist. Im Gegensatz zum oft sehr von Klischees von Männlichkeit und Stärke dominierten »Schwarzen Block« auf Demos, sehen die Pink & Silver-Leute eher nach fröhlichem Karneval aus. Wo im Schwarzen Block eher schwarze Hoodies und Männersportswear anzutreffen sind, trägt die P&S-Fraktion lustige Gewänder, oft eben in den »femininen« Farben pink und silber. Auch welches Geschlecht die DemonstrantInnen haben, wird absichtlich verwischt, alle sehen nach farbenfrohen Fabelwesen aus. Mit tänzerischen, gewaltfreien Bewegungen werden Polizei und Umstehende aufmerksam gemacht und gleichzeitig verwirrt, um keine Gewalt aufkommen zu lassen, aber auch willkürliche Grenzen der Polizei überschreiten zu können.

Eine weitere kreative Protestidee hatte eine 19-jährige Schülerin aus Karlsruhe. Elona Kastrati stellte irgendwann fest, dass sie von einer versifften Binde, die sie an einem Fenster kleben sah, angeekelt war. Sie fragte sich, warum so etwas Alltägliches wie die Menstruation so schockierend ist. Weil Frauenkörper immer noch als minderwertig angesehen werden? Am Frauentag 2015 fing sie deswegen damit an, Damenbinden mit feministischen Sprüchen zu versehen und diese auf Laternen, Bushaltestellen oder Ampeln zu kleben. Auf den Binden standen Sprüche wie »My Pussy My Choice« oder »Stell Dir vor, Männer wären genauso angeekelt von Vergewaltigungen wie von der Periode«. Fotos davon stellte sie unter dem Hashtag #Pads-

AgainstSexism auf Tumblr und Instagram – und die Reaktionen waren gewaltig. Die Begeisterung war so groß, dass Menschen auf der ganzen Welt fragten, ob sie die Aktion kopieren dürften. Was sie dann auch taten, von Pakistan bis Mexiko.

Kapitel 13
Mansplaining & Co
Männliche Überlegenheitsstrategien und
wie du sie aushebelst

Die amerikanische Schriftstellerin Rebecca Sonit hat im Jahr 2003 ein absurdes Erlebnis. Auf einer Party spricht sie mit dem älteren Gastgeber über einen Fotografen, über den sie gerade ein Buch veröffentlicht hat. Der Gastgeber weiß nicht, dass sie die Autorin des Buches ist, und belehrt sie langatmig über den Inhalt ihres eigenen Textes. Obwohl ihre neben ihr stehende Freundin mehrmals darauf hinweist, dass Rebecca das Werk selbst verfasst hat, dessen Erkenntnisse er zum Besten gibt, hört er nicht hin und doziert immer weiter. Bis ihm irgendwann ein Licht aufgeht. In ihrem Essay »Männer, die mir die Welt erklären«, hat sie diese Begegnung aufgeschrieben und damit offensichtlich einen Nerv getroffen. Denn bald äußern sich zahllose Frauen, denen ähnliches passiert ist, und der Begriff »mansplaining« ist geboren. Er ist eine Zusammenziehung aus den englischen Wörtern »man«, also Mann, und »explaining«, erklären. In letzter Zeit sind im englischen Sprachraum einige ähnliche Begriffe entstanden, die auf amüsante Weise stereotyp männliche Verhaltensweisen – die nicht ausschließlich beim männlichen Geschlecht zu finden sind – auf den Punkt bringen. Hier ist eine Auswahl von ihnen und wie du am besten auf sie reagieren kannst:

164

Mansplaining

Was es ist:
Kombination von »Man« (Mann) und »Explaining« (erklären). Ein Mann, der eine Frau wortreich über Dinge belehrt, von denen sie meist mehr Ahnung hat als er.

Wie du reagieren kannst:
Bombardiere ihn mit höchst spezifischen Gegenfragen, auf die er keine Antwort haben wird und die beweisen, dass du mehr Ahnung hast als er. Oder stelle mit einer ironischen Bemerkung wie »Ach wirklich? Das habe ich in meinem Anfängerkurs zu diesem Thema vor vier Jahren auch gelernt« klar, dass es keinen Sinn hat, dich zu belehren.

Mantoring

Was es ist:
Kombination von »Man« (Mann) und »Mentoring« (Beratung, Betreuung). Enger Verwandter vom »Mansplaining«: Ein Mann, der einer Frau schlaue Tipps bezüglich Dingen gibt, von denen er selbst keine Ahnung hat. Von denen er aber glaubt, allein aufgrund seines Geschlechts besser Bescheid zu wissen, zum Beispiel über Aktien, Einparken, Fußball.

Wie du reagieren kannst:
Ähnlich wie beim »Mansplaining«: Weise ihm durch detaillierte Fragen nach, dass er kein Experte auf dem Feld ist, oder schneide ihm mit einem »Danke, aber ich informiere mich lieber bei einer seriösen Quelle« das Wort ab.

Manterrupting

Was es ist:

Kombination von »Man« (Mann) und »Interrupting« (unterbrechen). Ein Mann, der eine Frau auf unnötige oder unhöfliche Weise beim Sprechen unterbricht.

Wie du reagieren kannst:

Hier gibt es eine Vielzahl von Möglichkeiten: Du kannst dich einfach weigern, dich unterbrechen zu lassen, indem du selbst unbeirrt weiterredest und dabei immer lauter sprichst (was übrigens zu herrlich absurden Situation führen kann, wenn beide quasi übereinandersprechen). Du kannst aber bereits im Vorfeld versuchen, es gar nicht zu solchen Situationen kommen zu lassen. Das klappt durch ein selbstbewusstes Auftreten, bei dem du mit klarer, gut hörbarer Stimme deinen Redebeitrag äußerst. Wichtig ist es hierbei, dich vor allem in einer größeren Runde nie mit entschuldigenden Worten wie »Ich weiß nicht, ob das jetzt passt« oder »Wenn ich auch mal was sagen dürfte« zu melden. Am besten nimmst du dabei auch noch eine eindrucksvolle Körperhaltung ein – also gerne mal auf dem Tisch nach vorne lehnen, die Arme hinter dem Kopf verschränken oder im Zimmer herumgehen. Du kannst für Treffen oder Sitzungen auch vorab mit den anderen Regeln verabreden, nach denen generell niemand unterbrochen werden darf (und wer es doch tut, muss für den Rest des Gesprächs still sein o. ä.).

Manterpretation

Was es ist:
Kombination von »Man« (Mann) und »Interpretation« (Deutung). Ein Mann, der etwas, das eine Frau sagt, bewusst anders interpretiert, als sie es gemeint hat, und sie so dazu zwingt, ihre Meinung zu rechtfertigen.

Wie du reagieren kannst:
Ignoriere den Einwurf und wiederhole dein Statement mit dem Kommentar: »Wie ich eben vor der kurzen Abschweifung vom Thema durch XY schon gesagt habe«, oder weise höflich, aber bestimmt darauf hin, dass die Deutung falsch ist und du daher nicht auf sie eingehen wirst.

Manimization

Was es ist:
Kombination von »Man« (Mann) und »Minimization« (Minimalisierung). Ein Mann, der die Ideen oder Gedanken von Frauen kleinredet, um sie dann selbst weiter und vermeintlich schlauer auszuführen.

Wie du reagieren kannst:
Danke ihm dafür, dass er freundlicherweise deinen Gedanken aufgegriffen hat und weise darauf hin, dass jetzt leider kein Raum dafür ist, seine Abweichungen vom ursprünglichen Thema zu diskutieren, weil du lieber zu deinem relevanteren Ausgangsgedanken zurückkehren möchtest.

Bropropriation

Was es ist:
Kombination von »Bro« (Abkürzung von Brother, Bruder) und »Appropriation« (Aneignung). Ein Mann, der sich die Idee einer Frau aneignet und sie als seine eigene verkauft.

Wie du reagieren kannst:
Drücke deine Freude darüber aus, dass er sich deiner Meinung angeschlossen hat und danke ihm dafür, dass er dir assistieren möchte, deine gute Idee weiterzuentwickeln.

Manspreading

Was es ist: .
Kombination von »Mann« (Mann) und »Spreading« (ausbreiten). Ein Mann, der sich in der Öffentlichkeit, z. B. durch stark gespreizte Schenkel auf dem U-Bahnsitz oder auf geteilten Stuhllehnen abgelegte Arme, so breit macht, dass andere neben ihm, häufig Frauen, empfindlich weniger Platz haben oder sich von ihm körperlich bedrängt fühlen.

Wie du reagieren kannst:
Du kannst dich natürlich in einen zähen Armlehnenkampf begeben, in dem ihr beide versucht, den Arm des jeweils anderen wortlos wegzudrücken, oder in einen Sitzplatzkampf, in dem dein Oberschenkel den des »Manspreaders« zurückdrückt. Vielen Frauen ist ein solcher physischer Kontakt jedoch unangenehm. Stattdessen könntest du ihn freundlich auffordern, dir Platz zu machen, da du dich sonst beengt fühlst. Oder du könn-

test ihm eines der »Dude ... stop the spread, please«-Schilder, die die New Yorker Transportbehörde ab 2014 in U-Bahnzügen aufhängen ließ, unter die Nase halten – die machen das Problem nämlich mit einfachen Zeichnungen sehr klar.

Manslamming

Was es ist:
Kombination von »Mann« (Mann) und »Slamming« (bolzen, reinknallen). Ein Mann, der im öffentlichen Raum anderen Personen, häufig Frauen, die ihm entgegenkommen, absichtlich keinen Platz macht, so dass diese stark ausweichen müssen, damit er nicht in sie »reinknallt«.

Wie du reagieren kannst:
Wenn du merkst, dass jemand auf dich zukommt und nicht vorhat, dir auszuweichen, kannst du ihm mit einem entschlossenen Blick in die Augen signalisieren, dass du es auch nicht tun wirst – oft reicht das schon und er wird zur Seite treten. Du kannst deine körperliche Intimsphäre auch erweitern, indem du die Arme abgewinkelt in die Hüfte stemmst, und so selbst mehr Platz einnimmst. Oder du könntest sogar, kurz bevor er auf deiner Höhe ist, laut ausrufen »Achtung, hier kommt jemand« – und das Ganze mit einem ironischen Feixen begleiten.

Kapitel 14
Feminismus und Sprache - Sprache ist Macht

Früher erschien es den Leuten als ganz normal, dass Mädchen als »Schüler« und nicht als »Schülerinnen« angesprochen wurden, und dass in Stellenausschreibungen nur »Ärzte« und keine »Ärztinnen« gesucht wurden. Mädchen und Frauen sollten sich in den männlichen Bezeichnungen einfach mitgemeint fühlen. Auch heute noch weigern sich beispielsweise viele Zeitungen, Sprachformen zu verwenden, die Männer und Frauen – und am besten noch alle weiteren Geschlechtsidentitäten – beinhalten. Das kann zu lustigen Situationen führen, wenn die Fixierung auf die männliche Form zu so absurden Sätzen wie »Jemand, der Mutter ist, weiß das« führt, aber viele Menschen ärgern sich über diese Ausschlüsse durch Sprache. Eine sogenannte feministische Sprachwissenschaft hat daher während der Zweiten Frauenbewegung Kritik an der maskulin geprägten Sprache, die das Weibliche nur als Sonderfall kennt und das Männliche zur Norm erhebt, geübt. Schon zu Beginn des 20. Jahrhunderts wurde die Frage diskutiert, inwieweit Sprache Wirklichkeit nicht nur abbildet, sondern auch formt. Wird durch die Verwendung gewisser Formen und Wörter auch Ideologie, also eine bestimmte geistige Haltung, transportiert? Deutsche feministische Sprachwissenschaftlerinnen wie Luise F. Pusch und Senta Trömel-Plötz waren davon überzeugt, dass »Das Deutsche als Männersprache« (Buchtitel von Pusch aus dem Jahr 1984) gelten muss und dass »Gewalt durch Sprache« (Buchtitel von Trömel-Plötz von 1984) an Frauen vollzogen würde. Nicht nur die fehlende Miteinbeziehung von Frauen durch die Nichtverwendung weiblicher Formen – die es in der deutschen Sprache ja immer schon gab – kritisierten sie, sondern auch viele andere Formen von Abwertung oder Unsichtbarmachung von Frauen. Die Gegensatzpaare »herrlich« und »dämlich« machten z. B. klar, wie der Stellenwert des Männlichen und Weiblichen in unserer Sprache sei. Oder auch die Tatsache, dass Einladungen an Ehepaare oft so formuliert waren, dass dort stand »Herr Meier und Gattin werden erwartet« – als hätte die namenlose Ehefrau keine andere Identität als die des Besitztums von Herrn Meier (dessen Namen sie selbstverständlich bei der Eheschließung hatte annehmen müssen). In wissenschaftlichen Untersuchungen von Gesprächssituationen fanden sie zudem heraus, dass Männer Frauen häufiger unterbrechen und beim Sprechen aggressiver und selbstbewusster auftreten als Frauen, die ihre Redebeiträge oftmals sehr vorsichtig formulierten und mit Phrasen wie »Ich mag mich irren, aber ...«, einleiteten.

Manche Sprachkritikerinnen waren so unzufrieden, dass sie sogar eine eigene »Frauensprache« forderten, wie Senta Trömel-Plötz, die in ihrer Antrittsvorlesung als Linguistikprofessorin an der Konstanzer Universität 1980 äußerte:

»Frauensprache bedeutet: Frauen reden mit Selbstvertrauen und Sicherheit, mit Autorität, mit Gefühl, mit Zärtlichkeit, entwickeln ihre eigenen Stile, literarische, alltagssprachliche, professionelle, poetische, werden hörbar, hören sich gegenseitig und werden gehört. Frauensprache heißt Veränderung.«[98]

Auch wenn sich diese Forderung nicht durchgesetzt hat – zumal es wohl auch ziemlich schwierig wäre festzulegen, wie genau diese Frauensprache aussehen sollte und wer sie alles sprechen könnte – ist einer der Kritikpunkte von Trömel-Plötz und Pusch auch heute noch brandaktuell: ihre Ablehnung des generischen Maskulinum, das Frauen ihrer Meinung nach »gedanklich auslösche«.

Das generische Maskulinum

Grob gesagt bezeichnet das generische Maskulinum (zu Deutsch etwa »das allgemeine Männliche«) eine sprachliche Situation, in der die männliche Form für das Allgemeine steht – sich also alle Menschen, egal, welche Geschlechtszugehörigkeit sie haben, von der männlichen Form angesprochen fühlen sollen. Der Duden schrieb 1995 zu dieser Regel, sie werde verwendet, »wenn das natürliche Geschlecht unwichtig ist, oder männliche und weibliche Personen gleichermaßen gemeint sind. Das Maskulinum ist hier neutralisierend bzw. verallgemeinernd (generisch).« Wenn es also heißt »Ich wünsche den Lesern dieses Buches viel Spaß« oder »Jeder, der nicht verletzt ist, nimmt seine Sporttasche und kommt in die Turnhalle«, sollen mit dieser Form sowohl Jungs und Mädchen gemeint sein. Das Problem ist nur, dass diese männliche Form nicht nur generisch, also allgemein ist, sondern auch spezifisch, also ganz konkret auch das männliche Geschlecht ausdrückt, wenn es wirklich ausschließlich um Jungs und Männer geht! Und dass im Deutschen auch für fast alles eine weibliche Form existiert, die damit zum Sonderfall, zur Ausnahme degradiert wird. Zudem ist nie klar, ob es sich um ein spezifisches oder generisches Maskulinum handelt: Wenn wir hören, dass eine Gruppe von zehn Tänzern aufgetreten ist – waren das dann wirklich zehn Männer oder waren vielleicht auch Frauen dabei? Frauen werden also wirklich unsichtbar gemacht, und die sprachliche Präzision geht verloren. Denn eine Gruppe von 99 Tänzerinnen und einem Tänzer müsste nach diesen Regeln auch als Gruppe von Tänzern bezeichnet werden – nur eine Gruppe von 100 Frauen dürfte als Gruppe von Tänzerinnen benannt werden. Durch sprachwissenschaftliche Experimente wurde mehrfach gezeigt, dass die meisten Leute sich z. B. unter einer Gruppe von 100 Tänzern tatsächlich nur Männer vorstellen und dass Frauen sich viel eher angesprochen fühlen, wenn irgendwo die Rede von Studentinnen und Studenten als nur von Studenten ist. In einer Studie von Dagmar Stahlberg und Sabine Sczesny aus dem Jahr 2001 wurden Testpersonen gefragt, wen sie als Bundeskanzler bzw. -kanzlerin empfehlen würden. Wenn die Frage im generischen Maskulinum formuliert war, also nur nach dem »Kandidaten« gefragt wurde, wurden deutlich weniger Frauen genannt, als wenn beide Geschlechter in der Frage enthalten waren. Und den Schweizerinnen, die bekanntlich erst ab 1971 wählen durften, wurde dieses Recht mit dem Argument vorenthalten, dass im Gesetz nur von »Schweizern«, aber nicht von »Schweizerinnen« die Rede sei – da wurde also das generische Maskulinum ganz schnell in ein spezifisches Maskulinum umgewandelt, weil es in dem Fall den Machthabern besser in den Kram passte.

In den letzten Jahrzehnten unternahmen ganz unterschiedliche Leute sehr viele Bemühungen, Sprache so zu verändern, dass sich alle mitgemeint fühlen können. Mittlerweile gibt es unzählige Leitfäden für »geschlechtergerechtes Schreiben« oder »gendersensibles Formulieren« und sehr viele verschiedene Ideen, wie wir Vielfalt in der Sprache auch sichtbar machen können, damit sich niemand ausgeschlossen fühlt. Während es früher hauptsächlich darum ging, Frauen sprachlich zu ihrem Recht zu verhelfen, gehen die Überlegungen zu einer gerechten Sprache heute noch viel weiter. Auch Geschlechtsidentitäten, die sich nicht in dem Schema Mann-Frau bewegen, sollen sprachlich Raum finden, und andere Diskriminierungen, die nichts mit dem Geschlecht zu tun haben, sollen ebenfalls nicht durch Sprache fortgeführt werden.

Hier eine kurze Übersicht über die verschiedenen Vorschläge, Männer und Frauen in Personenbezeichnungen sichtbar zu machen:

Doppelnennung: Lehrer und Lehrerinnen
Der Klassiker, eine der frühesten Ideen zur Einbeziehung von Frauen. Erinnert in seiner Langatmigkeit an offizielle Ansprachen à la »Meine sehr geehrten Damen und Herren, liebe Kolleginnen und Kollegen«. Ein bisschen lang und umständlich.

Schrägstrichform: Lehrer / innen
Der weibliche Teil wird abgespalten und nach einem Schrägstrich hinten dran geklappt. Hat sich nicht wirklich durchgesetzt.

Variante der Schrägstrichform: Lehrer/-innen
Siehe oben.

Binnen-I: LehrerInnen
Die weibliche Form wird mit einem großen I angehängt – dieses wird Binnen-I genannt, weil es sich trotz großer Schreibweise mitten im Wort befindet, was im Deutschen ja normalerweise

nicht üblich ist. Eine der häufigsten inklusiven Schreibvarianten heute. Das große I funktioniert wie ein Ausrufezeichen, das darauf hinweist, dass es hier nicht nur um Männer geht. Es verursacht häufig eine Art Stolpern beim Lesen, was viele Leute stört – und viele Leute besonders freut.

Abwechselnde Nennung: Lehrerin, Lehrer

Im Text wird mal von Lehrern, mal von Lehrerinnen gesprochen – das funktioniert logischerweise aber nur, wenn die Personenbezeichnung mehr als einmal vorkommt.

Substantiviertes Partizip (oft fälschlich auch Gerundium genannt): Lehrende

Nicht die Personenbezeichnung, sondern die Tätigkeit bildet die Grundlage des Wortes – vom Verb »lehren« wird hier das Partizip »lehrend« abgeleitet und dann in ein Substantiv verwandelt. Klappt aber nur dann, wenn es ein passendes Verb gibt – bei einem Wort wie »Polizist« z. B. jedoch nicht, denn es gibt ja kein Verb wie »polizeien« oder »polizieren«.

Unterstrich oder Gender Gap: Lehrer_innen

Der Unterstrich erfreut sich wachsender Beliebtheit, weil mit dieser Form nicht nur Männlichkeit und Weiblichkeit als binäres System sichtbar gemacht werden können, sondern auch alles, was sich außerhalb dieses Systems befindet. Sprich: Hier geht es nicht nur um Männer und Frauen, sondern auch um alle anderen Geschlechtsidentitäten wie z. B. Trans- oder Intersexuelle, die, so die Kritik, vom Binnen-I unsichtbar gemacht würden. In einem berühmten Aufsatz zum Unterstrich von Steffen Kitty Hermann schreibt dieser, dass der Gender Gap »Raum für perverses Begehren« bieten würde. Er meint damit, dass alles, was aus dem Rahmen der gesellschaftlichen Normen zu Sexualität und Geschlechtsidentität herausfällt oder unsichtbar gemacht wird, in diesem undefinierten Zwischenraum endlich Platz finden könnte.

Gender-Sternchen oder -Star: Lehrer*innen

Funktioniert ähnlich wie der Unterstrich, ist allerdings noch offener. Denn in Computer-Programmierkarten steht so ein Sternchen für eine sogenannte Wild Card, für eine Stelle, die sich mit einer beliebigen Anzahl von Zeichen besetzen lässt. An die Stelle des Unterstrichs, der sich, so die Kritikpunkte, auch als Leerstelle, quasi als Manko lesen lässt und die weiblichen Identitäten durch den langen Strich und die kleine Schreibweise deutlich den männlichen nachordnet, tritt das glamouröse kleine Sternchen.

X-Form: Lehrx

Wird »Lehrix« bzw. »Lehriks« ausgesprochen. Die X-Form ist ein Schritt auf dem Weg nicht zur Sichtbarmachung zweier oder mehrerer Geschlechter wie die vorigen Beispiele, sondern zur Neutralisierung: Sie steht weder für männliche oder weibliche noch andere Identitäten, sondern ist bewusst offen und allen Geschlechtern übergeordnet. Das x kann nämlich auch als Kreuzchen gelesen werden, dass herkömmliche Vorstellungen von Geschlecht durchstreicht. Vorgeschlagen wurde diese Variante unter anderem von Lann Hornscheidt von der Humboldt Universität Berlin, die / der eine fixe Geschlechtszuordnung für sich ablehnt und mit dem Titel »Professx« adressiert werden möchte.

A-Form: Lehra (Singular) Lehras (Plural)

Eine Variante der X-Form, die allerdings nur bei Wörtern, die auf -er enden, gut funktioniert. Das -a am Ende ist sprachlich nahe am männlichen -er, grammatikalisch verweist es aber eher auf die weiblichen Endungen, die in romanischen Sprachen wie dem Italienischen oder Spanischen üblich sind.

-schtean-Form: Lehr*

Vorschlag von Persson Perry Baumgartinger für eine allgemeine, geschlechtsneutrale Endung, die alle geschlechtlichen Endungen ersetzt. Ein Aufsatz von ihm zu diesem Thema trägt den Titel »Lieb[schtean] Les[schtean], [schtean] du das gerade liest …« (Lieb / e Leser / in, der / die du das gerade liest). Das Sternchen, das auch hier als Wild Card steht, soll »Schtean« ausgesprochen werden.

Wandernder Unterstrich: Lehr_erinnen

Der Unterstrich ist nicht immer an derselben Stelle zwischen der männlichen und weiblichen Form, sondern kann frei im Wort wandern. »Die Lehre_rinnen kamen zu spät zu i_hren Schü_lerinnen in dere_n Klassenraum« könnte ein Satz mit wanderndem Unterstrich lauten. Damit soll angezeigt werden, dass der Bruch in der ZweiGenderung nicht immer nach dem gleichen Muster abläuft.

Geschlechtsunspezifische Bezeichnung: Lehrperson, Lehrpersonal

Die geschlechtsspezifische Endung wie -er, -erin wird durch eine unspezifische Bezeichung wie -person ersetzt. Wenn man dieses Prinzip weiterdenkt, kann aus »Mannschaft« dann Gruppe oder Team werden.

Generisches Femininum: Lehrerinnen

Da wird der Spieß einfach umgedreht – und zwar mit dem Argument, dass in den weiblichen Personenbezeichnungen der männliche Wortstamm stets enthalten sei, umgekehrt aber nicht: In der Lehrerin steckt bereits der Lehrer.

Er, sie, es–Pronomen

Mit ein bisschen Phantasie lassen sich bei den Personenbezeichnungen also sehr viele Alternativen für das generische Maskulinum finden – und die Liste ist noch lange nicht erschöpft, sondern wartet auf weitere Ideen von findigen SprachverändererInnen. Schließlich lebt Sprache vor allem von kreativen Weiterentwicklungen. Wie aber sieht es mit den Personal- und Possessivpronomen aus, also kleinen Wörtchen wie »er, sie, es« oder »sein, ihr, sein«, die im Deutschen streng nach den Kategorien männlich, weiblich, neutral getrennt sind? Manchmal weiß man nämlich nicht, welches Geschlecht eine Person hat oder welchem sie sich gerne zuordnen möchte. Und manchmal spricht man in allgemeinen Sätzen, in denen man das Geschlecht gar nicht bestimmen kann. Auch dafür gibt es Ideen. Im Englischen benutzen manche Menschen mittlerweile z. B. statt »she« oder »he« eine Zusammensetzung aus beiden Wörtchen, die zu »ze« wird (lustigerweise genau wie das deutsche »sie« ausgesprochen). »Her« oder »his« wird dabei zu »zir« (wie »Sir«, aber ebenfalls mit einem weichen, stimmhaften s ausgesprochen). Das ist aber nur ein Vorschlag von sehr vielen für geschlechtsneutrale Pronomen.

Auch für die deutsche Sprache gibt es hier interessante Ansätze. Perry Perrson Baumgartinger nennt »nin« als mögliches Pronomen für alle Geschlechter und »Herm« (von Hermaphrodit) für Mensch, man. Anna Heger schlägt auf ihrem Blog vor, aus »er sie es« einfach »xier« zu machen. Aus »der die das« wird »dier«, und aus »sein ihr sein« wird xies. Der Satz »Er sagt ihr, was sie in der Sache zu tun hat« verwandelt sich dann also in »Xier sagt xies, was xier in dier Sache zu tun hat«. Was zunächst kompliziert wirkt, weil die neuen Wörter ungewöhnlich klingen, würde bei der konsequenten Anwendung nicht nur zu einer neutraleren und damit gerechteren Sprache führen, sondern das Erlernen von Deutsch als Fremdsprache, z. B. für geflüchtete Personen, sehr viel einfacher machen, weil sie sich nicht immer mit den umständlichen drei Geschlechtern herumschlagen müssten.

er / sie / es   → wird zu xier – das Personalpronomen ohne Geschlecht

der / die / das   → wird zu dier – der Artikel ohne Geschlecht

sein / ihr / sein → wird zu xies – das Possessivpronomen ohne Geschlecht

Weiterer Sprachgebrauch:

Auch in anderen Sprachbereichen gibt es noch viel Verbesserungsbedarf. So sind z. B. viele abwertende Begriffe oder Schimpfwörter stark auf das Geschlecht bezogen und stecken dabei voller Klischees. Hast du Bezeichnungen wie »Zickenterror«, »stutenbissig«, »Schreckschraube« oder »blöde Kuh« jemals auf Vertreter des männlichen Geschlechts angewandt gehört? Eben. Zu der sowieso schon negativen Bedeutung kommt in diesen Fällen noch dazu, dass die Verbindung mit Weiblichkeit eine weitere Abwertung darstellen soll: Im »Zickenterror« sind Frauen nicht nur streitsüchtig und anstrengend, sondern sie sind es auf eine besonders minderwertige, heimtückische und nervtötende Weise, gerade *weil* sie Frauen sind und nicht mit offenen Waffen kämpfen wie die ehrbareren Männer – so die versteckte Logik hinter dem Wort. Natürlich gibt es diese geschlechtsspezifischen Schimpfwörter auch für Männer, aber interessanterweise ist das Negative an ihnen meist nicht ein Zuviel an Männlichkeit, sondern eben ein Zuwenig: Der Warmduscher, der Jammerlappen und das Weichei sind viel eher zu soft, zu weiblich, und werden deswegen bestimmt. Also auch hier wieder: Das Weibliche ist das Minderwertige. Bezeichnungen dagegen, die ein Zuviel an Männlichkeit zum Ausdruck bringen, wie »geiler Bock« oder »Alphatier« beinhalten meistens eine Form von Anerkennung dieser speziell maskulinen Energie.

Eine Möglichkeit, solche Klischees nicht im eigenen Sprachgebrauch zu bestärken, ist logischerweise, genau diese Wörter nicht mehr zu benutzen. Wenn du Lust auf Spielereien hast, könntest du sie aber auch mal im genau umgekehrten Zusammenhang verwenden, indem du sagst: »Was hat Erik denn da für eine Milchmädchenrechnung gemacht?«, oder »Boah, Michel und Rafael haben ja gerade voll den Zickenkrieg am Laufen!«, oder »Lea nervt mit ihrem Alphatier-Getue!«. Das schreckt die Leute aus ihren Hörgewohnheiten auf, und bringt sie vielleicht zum Nachdenken über ihren eigenen Wortschatz.

Für einige Leute sind auch häufige Wörter wie »man« oder »jemand« problematisch, weil sie von »Mann« abgeleitet sind. Sie sind dazu übergegangen, statt man entweder – allgemein, oder wenn es vom bezeichneten Geschlecht her passt – »frau« zu sagen und zu schreiben (»Frau sollte sich rechtzeitig vor der Geburt eine Hebamme suchen«) oder es durch »mensch« zu ersetzen (»Mensch kann sich in diesem Krankenhaus wirklich wohl fühlen«). Bei der »mensch«-Lösung wird aus »jemand« dann auch »jemensch«.

Nicht nur Geschlecht kann ein Grund für Diskriminierung oder Ausschluss durch Sprache sein, sondern auch noch viele andere Faktoren: sexuelle Orientierung (schwul, lesbisch etc.), Herkunft bzw. »Race« (Hautfarbe etc.), Körperform (dick, dünn etc.), körperliche Befähigung (Rollstuhlfahrerin, Leute mit Krücken etc.) oder Gesundheit (physische wie auch psychische Krankheiten). Begriffe wie »schwule Sau« oder »Kampflesbe«, »Neger« oder »Kopftuchtürkin«, »Fettsack«, »voll behindert« oder »total plemplem« zielen darauf ab, spezielle Merkmale dieser Personen als minderwertig oder unnormal darzustellen und sollten natürlich unterlassen werden. Aber auch Ausdrücke wie »schwarzfahren«, »schwarzarbeiten« oder »irre gut« können von People of Colour oder psychisch Kranken als diskriminierend empfunden werden. Am besten fragst du einfach mal bei Personen aus deinem Umfeld, ob sie sich durch solche Begriffe beleidigt fühlen. Oder du bastelst kreativ an Alternativen. So wie Anne Chebu, Autorin des Buches »Anleitung zum Schwarzsein«, die »schleichfahren« oder »schleicharbeiten« vorschlägt.

Kritik:

Natürlich gibt es für diese Ansätze auch immer wieder Gegenwind: Auf der einen Seite von konservativen Personen, die finden, damit werde unsere Sprache auf »unnatürliche Weise verhunzt«, und die es am liebsten hätten, dass alles so bleibt, wie es schon immer war. Das ist natürlich unsinnig, denn es liegt in der Natur von Sprache, sich beständig zu verändern, weil sich auch die Lebensumstände der Menschen verändern. Sonst würden wir ja heute noch sprechen wie zu Martin Luthers Zeiten – und Wörter für Tablets, Smartphones und Emojis hätten wir dann auch keine, weil es die damals ja noch gar nicht gab :-)

Es wird auch beklagt, dass Texte durch diese »gegenderten«

Ansätze zu lang und überhaupt zu umständlich würden. Erstens ist das Ansichtssache, und zweitens folgt Sprache nicht immer den Regeln größtmöglicher Effizienz. Früher gab es z. B. auf allen offiziellen Formularen ein eigenes Kästchen für das »Fräulein«, also für unverheiratete Frauen, so dass ein Teil der Bevölkerung immer darüber Auskunft geben musste, ob er verheiratet war, und der andere nicht. Denn das Wort »Herrlein« gab es nie. Die Logik dahinter war, dass Männer auch ohne Ehefrau vollwertige Mitglieder der Gesellschaft sind, Frauen ohne Männer jedoch nicht – deswegen wurden sie zum »Fräulein« verkleinert. Dieses extra Kästchen nahm viel Platz weg und wurde zum Glück abgeschafft, so dass es nur noch »Frau« und »Herr« gibt. In den USA wurden übrigens ganz ähnlich Mrs und Miss, also die Anreden für die verheiratete und unverheiratete Frau, irgendwann zu einem neutralen »Ms« zusammengezogen.

Immer wieder wird auch behauptet, man könne Formen wie das Binnen-I, den Unterstrich oder das Sternchen zwar schreiben, aber nicht aussprechen. Das stimmt allerdings nicht, denn es hat sich durchgesetzt, dass diese im gesprochenen Wort durch eine kurze Pause angezeigt werden. Man sagt also nicht Schüle-rinnen, sondern Schüler-Innen. Ist ganz einfach und klappt gut.

Auf der anderen Seite kommt Kritik von Menschen, die finden, dass sich allein durch sprachliche Umbenennungen gesellschaftliche Ungerechtigkeiten nicht beseitigen ließen. Dass diese dadurch vielleicht sogar zugedeckt würden, wenn wir von VorstandschefInnen sprechen, obwohl sich in den Vorstandsetagen nach wie vor fast nur Männer aufhalten. Dass mit Schreibformen wie dem Unterstrich oder dem Sternchen zwar intersexuelle und transsexuelle Personen sprachlich sichtbar würden, sich aber an Ausgrenzung im realen Leben nichts ändere. Diesen Stimmen lässt sich jedoch entgegenhalten, dass es einer feministischen Sprachkritik ja nie darum geht, *allein* auf der sprachlichen Ebene Veränderung anzustreben, sondern immer auch auf der politischen – dass aber die sprachlichen Bilder von Ein- und Ausschluss ein wichtiger Faktor für das Gesamtbild sind.

Kapitel 15
Wir fragen jetzt einfach mal die, die es wissen müssen – und FeministInnen antworten

Anne Wizorek, wie erfindet man einen erfolgreichen feministischen Hashtag?

Ein Hashtag eignet sich sehr gut, um Erfahrungen mit einem bestimmten Problem unter einem Schlagwort zu bündeln. So werden diese nicht mehr nur als einzelne Erlebnisse wahrgenommen, die schnell herunterzuspielen sind. Wenn eine einzelne Frau darüber twittert, wie sie im Club gegen ihren Willen angegrapscht wurde, wird den meisten Menschen noch nicht klar, welches Problem eigentlich dahintersteckt. Steigen aber noch mehr Frauen unter dem passenden Hashtag in die Diskussion ein und schildern ihre Erfahrungen mit sexueller Belästigung – auf der Straße, auf der Arbeit, in der Ausbildung, bei der Familienfeier – dann wird das gesamte Ausmaß des Problems der sexuellen Belästigung deutlicher. Die Frauen erkennen, dass sie mit dem Problem nicht allein sind, und dass sie keine Schuld an dem haben, was passiert ist. Durch den Hashtag verbreiten sich die Erfahrungen im Schneeballprinzip, und andere Menschen können sich an der Diskussion ebenso beteiligen. Aber Achtung: Ein Hashtag kann oft nicht das Problem an sich lösen. Er kann jedoch Diskussionen anstoßen, die wiederum notwendig sind, um schließlich Lösungen und Verbesserungen für gesellschaftliche Probleme wie sexuelle Belästigung zu finden. Ob ein Hashtag direkt angenommen wird und »funktioniert«, hängt von einigen Faktoren ab, und diese liegen nicht immer in deiner Hand. Deswegen verzweifle nicht, sollte es nicht direkt auf Anhieb klappen. Manche Hashtag-Aktionen funktionieren besser spontan, andere erzielen mit Planung das beste Resultat. Am besten probierst du dich mit diesen Varianten einfach aus. Am wichtigsten ist ohnehin dein eigenes Netzwerk, mit dessen Hilfe du die Hashtag-Aktion noch besser verbreiten kannst. Dazu noch ein knackiges Wort für den Hashtag, das am besten auf Anhieb zu verstehen ist, und schon kannst du loslegen.

Anne Wizorek ist Beraterin für digitale Medien, Autorin und feministische Aktivistin. Sie lebt im Internet und in Berlin und ist Gründerin des Gemeinschaftsblogs.

Tarik Tesfu, wie wird man männlicher Feminist?

Genau aus dem gleichen Grund, warum auch Frauen Feministinnen werden. Ich schaue mir die Gesellschaft an und merke, dass gendermäßig einiges schiefläuft: Frauen werden immer noch schlechter bezahlt als Männer, und Männer, die sich um Kinder und Haushalt kümmern, werden entweder glorifiziert oder belächelt. Sexismus ist fester Bestandteil unserer Gesellschaft, sexuelle Gewalt wird tabuisiert, und wenn ich daran denke, dass im Jahre 2016 darüber diskutiert wird, ob die Ehe zwischen zwei Frauen / zwei Männern genau so »wertvoll« ist, wie die Ehe zwischen Mann und Frau, dann wird mir ganz schwindelig und irgendwie auch kotzübel. Feminismus ist einfach die beste Waffe gegen jede Form von Diskriminierung. Wie kann also jemand kein_e Feminist_in werden?

Tarik Tesfu hat in Wien Publizistik- und Kommunikationswissenschaften sowie Gender Studies studiert. Sein Studium hat er selbstbestimmt (ohne Abschluss) beendet und hüpft seit 2015 als Gender-Messias durchs Netz. Seine Botschaft: Genderlove!

Nils Pickert, sollten Jungs Röcke tragen?

Klar sollten Jungs Röcke tragen – wenn sie denn mögen. Kleidung hat wie alle Dinge kein Geschlecht. In welcher Kleidung jemand sich auch wohl fühlt, es sollte ihr oder ihm freistehen, sie zu tragen. Weil sie bequem ist, warm, luftig, schick oder einfach nur total cool. Jungen, die Röcke tragen, rocken – genau wie Mädchen!

Nils Pickert, geboren 1979, lebt als freier Journalist für diverse Medien in Berlin, hat vier Kinder und engagiert sich als Weltverbesserer beim Verein Pinkstinks. Bloggt für »wir eltern« über Alltag mit Kindern, gleichberechtigtes Familienleben, neue Väter, Elternbeziehungen, Erziehungswahnsinn.

Stevie Schmiedel von PinkStinks, sollen alle Mädchen die Farbe Pink blöd finden?

Pink ist eine ganz wunderbare Farbe. Aber sie sollte für alle da sein und von der Wirtschaft nicht benutzt werden, um Kinder schon früh als Konsument*innen zu definieren. Wie die Wirtschaft mit Pink umgeht, stinkt. Deshalb organisieren wir Proteste, klären in Schulen über Sexismus auf und verkaufen rosa Ponys für Jungs. Nach dem Motto: »Love Pink – Hate Pinkification!«

Dr. Stevie Meriel Schmiedel, geboren 1971, ist promovierte Kulturwissenschaftlerin mit Schwerpunkt Genderforschung. Die Deutsch-Britin lehrte Gender Studies in England und Hamburg, bevor sie 2012 Pinkstinks Germany initiierte.

Elke Zobl, was ist ein feministisches Grrrl Zine?
Viele Mädchen und junge Frauen, queer und transgender Menschen sehen sich und ihre Interessen in der Gesellschaft und in den Massenmedien gar nicht oder miss-repräsentiert. Sie produzieren daher ihre eigenen Medien, in denen sie ihre Standpunkte darstellen und selbstdefinierte Bilder, Inhalte und Netzwerke nach ihren eigenen Vorstellungen und Visionen entwerfen.

Grrrl Zines stehen in der langen Tradition der Alternativmedien, der feministischen Medienproduktion und der DIY-Kultur. Grrrl Zines sind selbständig produzierte Magazine, die von und für Menschen mit Interesse an Feminismus, Alternativkultur und Aktivismus geschrieben, herausgegeben und verteilt werden. Die drei wütenden »rrr« in »grrrl« spiegeln eine widerständige, feministische Aneignung des englischen Wortes »girl« wider. Zines – kurz für das englische Wort »magazine« – werden meist in kleinen Auflagen kopiert, als Hefte zusammengestellt und in Buchhandlungen, Plattengeschäften, und Mailorder-Katalogen (sogenannten »Distros«) vertrieben. Die meisten Zines beginnen als Art persönliche Newsletter, die an FreundInnen verteilt oder gegen andere Zines getauscht werden, sie können aber auch in international vertriebene Magazine wachsen. Das transnationale Netzwerk an »Grrrl Zines« fand durch die wachsende Verbreitung des Internets eine weitere Ausdehnung durch die Herausgabe von e-Zines und Blogs, wodurch eine kaum überschaubare Bandbreite feministischer Netzmagazine entstand, die Feminismen im Alltag sowie im Zusammenhang mit größeren gesellschaftlichen und politischen Zusammenhängen diskutieren. Das Schöne an Zines ist, dass es keine Richtlinien in Bezug auf Inhalt und Aussehen gibt und dass sie ohne große finanzielle Mittel abseits vom Mainstream produziert werden können.

Grrrl Zines spielten in der Riot-Grrrl-Bewegung eine wichtige Rolle und trugen zur Vernetzung und Verbreitung dieser wesentlich bei. Anzumerken ist, dass sich nicht alle Grrrl Zinesters selbst als solche bezeichnen, denn der Begriff ist eine Sammelbezeichnung von außen, der eine sehr unterschiedliche Gruppe von MedienaktivistInnen zusammenfasst. Heute sprechen wir oftmals von queer-feministischen Zines.

Dr. Elke Zobl hat die Onlineplattformen »Grrrl Zine Network« und »Grassroots Feminism« gegründet, macht Zine-Workshops und ist Wissenschaftlerin an der Universität Salzburg. www.grrrlzines.net, www.grassrootsfeminism.net.

Kübra Gümüşay, wie geht Feminismus mit Kopftuch?

Der Feminismus gibt nicht vor, wie ein Mensch sich zu kleiden hat. Es ist vielmehr das Streben nach der Wahlfreiheit, sich zu kleiden, zu leben, zu denken, zu lieben, wie man möchte. Das kann dann letztlich bedeuten: Kopftuch, Minirock oder Latzhose. Oder alles in einem.

Und was macht eine aktivistische feministische Muslima aus?
So wie es unterschiedliche Formen des muslimischen Feminismus gibt, gibt es auch unterschiedliche feministische Muslima. Viele eint jedoch, dass sie in ihrem Glauben eine Inspiration und Grundlage für eine geschlechtergerechte Gesellschaft sehen und dafür kämpfen, dass ihre Religion nicht für patriarchale und sexistische Strukturen instrumentalisiert wird. Sie sehen ihre Aufgabe auch darin, die Rechte, die ihnen qua Religion gewährt werden, zurückzuerkämpfen. Ein weiteres Thema ist die Interpretation und Kontextualisierung religiöser Schriften, eine Praxis, die viele Jahrzehnte (und in manchen Ländern gar jahrhundertelang) von Männern dominiert worden ist. Sie fechten diese Interpretationen an und bieten eigene, aus einer weiblichen Perspektive.

Kübra Gümüşay, 1988 in Hamburg geboren, ist freie Journalistin, Bloggerin und Social Media Beraterin – zuletzt an der Universität Oxford. Sie schreibt und referiert zu den Themen Internet, Feminismus, Rassismus, Islam und Politik. 2010 co-gründete sie das Zahnräder Netzwerk für Social Entrepreneurship. 2011 wurde ihr Blog »Ein-Fremdwoerterbuch.com« für den Grimme Online Award nominiert. 2013 co-startete Gümüşay den Hashtag und die Aktionsgruppe #SchauHin gegen Alltagsrassismus, dessen Vorsitzende sie ist, sowie 2016 den Hashtag #Ausnahmslos gegen Sexismus und Rassismus.

Sookee, ist Hiphop nicht sexistisch?
Hiphop ist nicht sexistish. Sexisten sind sexistish. Wenn ich meine Graffitis, Raptexte, Dj-Mixes, Musikvideos usw. mit antisexistishen Inhalten fülle, lässt sich eine Menge gegen diesen

Mist unternehmen. Hiphop ist eine Kultur, sie wird von Menshen gemacht und kann gestaltet und verändert werden.

Und wie geht feministischer Hiphop?
Feministisher Hiphop geht für mich so, dass Frauen* sich den Raum nehmen, um zu tun, worauf sie Bock haben, ohne sich von männlichen* Maßstäben, Blicken, Kommentaren oder Abwertungen aus dem Konzept bringen zu lassen. Das ist nicht immer einfach. Aber es macht unheimlich Spaß, wenn man einmal dahintergekommen ist, wie befreiend es ist, zu sich zu stehen.

Sookee ist Rapmusikerin, Feministin, Mutter. Sie isst und schläft gern. (Zur Shreibung: Sookee ist mit der deutshen Orthographie als restriktives Regelwerk ein bisschen auf dem Kriegsfuß und nutzt die Shreibung »sh« statt »sch«, um mit der Vershriftlichung von Lautsprache zu experimentieren und im Kleinen zu kreativen Umgängen mit Sprache aufzurufen!)

Laura Méritt, was ist ein feministischer Porno?
In vielen Pornos werden Frauen als passive Objekte gezeigt, die wie selbstverständlich den vermeintlichen Wünschen des Mannes mit allen Öffnungen zur Verfügung stehen und als Höhepunkt seinen Samenerguss ins Gesicht gespritzt bekommen. Männer werden zu unsensiblen, irrealen Dauerständern reduziert.

In feministischen Pornos werden Menschen verschiedener Geschlechter, Körpertypen und Sexualitäten lust- und liebevoll gezeigt. Neben unterschiedlichen Spielarten werden Sexspielzeuge, Gleitgel und Kondome selbstverständlich präsentiert. Auch ein hängender Schwanz zeigt sich realistisch und sexy vor der Kamera. Die Agierenden tauschen sich über ihre Vorlieben aus, weil das dazu beiträgt, dass alle den Sex genießen können.

Während der Mainstream-Porno also eher eine Leistungsshow ist, heißt es bei feministischen Pornos: »Slow down and pleasure up« (also in etwa »Geschwindigkeit runter, Vergnügen rauf!«) und »Wissen macht sexy«!

Dr. Laura Méritt, Sexologin und Kommunikationswissenschaftlerin, betreibt seit über 20 Jahren den feministischen Sexshop Sexclusivitäten und hält freitags Salons rund um Sex, Politik und Gender. Mit dem Freudenfluss Netzwerk organisiert sie sexualpolitische Kampagnen wie PorYes, den Feminist Porn Award oder zur weiblichen Ejakulation. Ihr Buch »Frauenkörper neu gesehen« gilt als Standardwerk zur weiblichen Sexualanatomie.

Hengameh Yaghoobifarah, was ist ein queerfeministischer, fettpositiver Modeblog?

Mode als queerfeministisches, fettpositives Phänomen zu betrachten bedeutet, normative Vorgaben der Modeindustrie zu hinterfragen und Körperstandards sowie Geschlechterbinarität aufzubrechen und Mode als Widerstandsstrategie zu nutzen, ein Störbild zu kreieren oder als sich als solches durch die Stadt zu bewegen. Viele Körper werden, sobald sie aus einem gewissen schlanken, weißen, cis- und heteronormativen Rahmen herausfallen, sofort stigmatisiert. Dicke Körper sollen sich verstecken, Personen of Color sich möglichst weiß waschen lassen. Queering Fashion bedeutet für mich, gegen Assimilation durch Mode zu sein.

Hengameh Yaghoobifarah ist Redakteurin beim Missy Magazine, Bloggerin bei QueerVanity.com und freie Autorin.

Antje Schrupp, wie werde ich Netzfeministin?

Für den Anfang ist es am besten, erst einmal feministische Seiten und Blogs im Internet zu durchstöbern. Du kannst zum Beispiel auf featurette.de anfangen, wo die aktuellen Artikel vieler feministischer Bloggerinnen reinfließen, oder auf Gemeinschaftsblogs wie kleinerdrei.org oder maedchenmannschaft.net. Du wirst schnell merken, dass Feministinnen im Netz sehr unterschiedlich sind und auch über alle möglichen Themen schreiben, nicht nur über »Frauensachen«. Finde heraus, was oder wer dich am meisten interessiert. Von dort aus kannst du dann tiefer einsteigen: Die meisten Blogs verlinken auf weitere Blogs, die sie empfehlenswert finden. Wenn dir zu einem Text eine Frage oder eine Anmerkung oder eine eigene Idee einfällt, schreib sie doch in die Kommentare – alle Bloggerinnen freuen sich über konstruktive Beiträge. Wenn du selbst einen kleinen Blog oder eine Internetseite hast, kannst du sie dort verlinken. Viele Netzfeministinnen sind auch auf Twitter oder Facebook, dort kannst du ihnen folgen, sie retweeten und liken. Vielleicht folgen dir dann einige zurück. Du wirst sehen: Im Lauf der Zeit schaffst du dir so dein ganz persönliches feministisches Netz.

Dr. Antje Schrupp ist Journalistin und Politikwissenschaftlerin und lebt in Frankfurt am Main. Sie bloggt unter www.antjeschrupp.com.

**Christiane Rösinger, warum braucht es Feminismus
in der Popkultur?**

Weil in der Popkultur ein ähnlich ausgewogenes Geschlechter-
verhältnis wie in der KfZ-Meisterinnung oder der Astronau-
tenszene herrscht.

*Christiane Rösinger lebt als Musikerin und Autorin in Berlin. Mit
ihrer Band Lassie Singers hat sie der Welt so witzige wie beißend
kritische Songs wie »Mein zukünftiger Exfreund« oder »Liebe wird
oft überbewertet« beschert.*

Jacinta Nandi, wie geht feministischer Humor?

Sexisten behaupten, dass Frauen nicht lustig sind, und langwei-
lige Sexisten behaupten, dass Feministinnen nicht lustig sein
können. Die Wahrheit ist, dass Frauen bei unlustigen Witzen
von Männern lachen, um ihnen zu gefallen, Männer aber versuchen, bei den lustigen Witzen von Frauen nicht zu lachen, um
ihr Gesicht zu wahren.

Wir leben in goldenen Zeiten weiblicher Comedy. Früher gab
es für Mädchen, die Komikerinnen werden wollten, noch weniger weibliche Vorbilder als in der Astronauten- oder der Gehirn-
chirurgie-Szene. Als ich ein junges Mädchen in Großbritannien
war, gab es die Comediennes Victoria Wood und French & Saun-
ders und sonst niemanden. Diese Zeiten sind eindeutig vorbei.
Junge Frauen ertrinken gerade in lustigen feministischen Vor-
bildern. Mindy Kaling, Sharon Hogan, Amy Poehler, Tina Fey,
Amy Schumer und Caitlin Moran sind berühmt geworden, nicht
nur weil sie saulustig sind, sondern weil sie saufeministisch
sind. Das heißt nicht, dass jedes Wort, das sie sagen, perfekt
ist. Lustig und feministisch sein ist sehr wichtig, aber es heißt

noch lange nicht, dass man perfekt ist. Es gibt gewisse Aussagen von Fey und Schumer und Moran, die tatsächlich problematisch sind. Trotzdem kann man, soll man, muss man sie kennenlernen, um ihre Art feministischen, nichtperfekten Humor selbst zu erleben.

Jacinta Nandi stammt eigentlich aus East London, blieb aber vor vielen Jahren beim Deutschstudium in Berlin hängen. 2015 hat sie den Roman »Nichts gegen Blasen« veröffentlicht, in dem es viel um Sex und um die komischen Macken von Deutschen und EngländerInnen geht.

Kapitel 16
Feministische Slogans - und was dahintersteckt

Jede Bewegung hat ihre Forderungen – und die können und sollen in politischen, theoretischen oder künstlerischen Werken ausführlich dargelegt und diskutiert werden, um sie bekannt zu machen. Wenn es kurz und knackig sein soll, z. B. auf einer Demo, eignen sich jedoch Slogans und Parolen am besten, um sich für die eigenen Anliegen Gehör zu verschaffen. Die auf den Punkt gebrachten, markigen, wütenden oder oft auch witzigen und sprachspielerischen Sprüche lassen sich bestens auf Transparente pinseln oder gemeinsam im Chor durch die Straßen schmettern. Damit alle gleich kapieren, um was es geht. Der Feminismus kann auf einen besonders reichhaltigen Vorrat an solchen Slogans zurückblicken. Einige verstehen wir heute vielleicht – zum Glück! – gar nicht mehr, weil die damit verbundenen Forderungen längst erfüllt sind. Andere können immer wieder recyclet und verändert werden, weil sie Dauerbrenner sind. Hier folgt eine Übersicht über die wichtigsten Slogans und was dahintersteckt(e).

Erste Welle

»Den Frauen ihr Recht! Votes for Women!«
Zwei sehr einfache, aber sehr direkte Aufrufe dazu, den Frauen
Anfang des 20. Jahrhunderts endlich das Wahlrecht zu geben.
Weil es ihr Recht war und ist, in einer Gesellschaft, in der sie
arbeiten, Kinder erziehen und Steuern zahlen, auch politisch
mitzubestimmen.

Zweite Welle

»Not the Church, not the State! Women will decide their fate!«
Weder die Kirche noch der Staat sollen über das Leben von
Frauen entscheiden, hieß es in den 1960er und 70er Jahren.
Denn damals waren die (an vielen Orten christlich geprägten)
Moralvorstellungen, denen Frauen zu entsprechen hatten, noch
sehr rigide. Nicht umsonst ging man bis zu dieser Zeit noch
davon aus, dass sich das Leben von Frauen auf die drei berühmten K beschränken solle: Kinder Küche Kirche (dazu gab es auch
einen anderen passenden feministischen Spruch aus dieser
Zeit: »Küche, Keller, eigener Herd – ist kein ganzes Leben
wert«). Auch die staatliche Gesetzgebung benachteiligte Frauen
massiv, indem sie beispielsweise den Mann automatisch zum
Chef in Ehe und Familien machte, der alleine die Entscheidungen treffen durfte. Bei diesem Spruch ging es aber auch ganz
konkret um das Recht auf die Selbstbestimmung über den
Körper und um die Streitfrage der Abtreibung. Während Staat
und Kirche Frauen Abtreibung gesetzlich bzw. moralisch verbieten wollten (und heute an vielen Orten immer noch wollen),
pochen Frauen seit Beginn der Frauenbewegung darauf, dass

sie in dieser Frage selbst entscheiden, da es sich um ihren Körper handelt.

»Mein Bauch gehört mir«

Eine noch konkretere, deutschsprachige Variante des obigen Spruches – auch hier geht es um das Recht auf Abtreibung ohne Angst vor strafrechtlicher oder moralischer Verfolgung. Trotz hartnäckiger Proteste, sehr häufig unter diesem Motto, kam es in Deutschland erst sehr spät, nämlich 1992, zu einem Kompromiss im Streit um den § 218, den sogenannten Abtreibungsparagraphen. Seitdem ist ein Schwangerschaftsabbruch in Deutschland bis zur zwölften Woche straffrei, wenn vorher eine Beratung durchgeführt wurde. Tatsächliche Wahlfreiheit sieht anders aus.

»Ob wir Kinder wollen oder keine, das entscheiden wir alleine«

Setzt sich wie die zwei vorherigen Slogans auch für das Recht auf Abtreibung ein. Räumt auch mit dem Klischee auf, dass alle Frauen sich Kinder wünschen und ihre höchste Erfüllung in der Mutterschaft sehen. Auch heute gibt es ja noch viele Menschen, die denken, eine Frau ohne Kinder sei keine echte Frau – bei Männern ist das Kinderhaben interessanterweise niemals ein Kriterium.

»My Body My Choice«

Setzt sich auch für das Recht auf Abtreibung ein und ist, obwohl er bereits in den 1970er Jahren entstand, bis heute einer der meistverwendeten feministischen Slogans (von dem es auch vielfache Abwandlungen gibt, wie z. B. »My Pussy My Choice, My Body My Voice«). Denn die Schlagworte »Mein Körper meine

Wahl« lassen sich nicht nur so verstehen, dass Frauen selbst darüber entscheiden dürfen sollten, ob sie eine Schwangerschaft abbrechen oder ein Kind austragen – was bis heute ein immer wieder bedrohtes und in Frage gestelltes Recht ist. Sondern neben der heftig umkämpften »reproduktiven Freiheit«, wie diese Rechte auch genannt werden, weisen diese Worte zusätzlich darauf hin, dass weibliche Körper immer von der Gesellschaft vereinnahmt werden und ihnen durch urteilende Blicke oder Worte bedeutet wird, dass sie zu dick, zu sexy, zu alt, zu tätowiert, zu behindert, ganz einfach falsch seien. Doch wie Frauen ihre Körper gestalten, gehe niemanden etwas an als sie selbst. In den USA hat sich aus diesem Motto auch der Name der »Pro-Choice«-Bewegung abgeleitet, die sich für das Recht auf Abtreibung einsetzt. Choice als das Recht auf weibliche Wahlfreiheit hat sich mittlerweile als allgemeine feministische Forderung durchgesetzt, was auch zu nicht unproblematischen Auswüchsen wie dem Choice-Feminismus (LINK) führen kann.

»Das Private ist politisch«

Vielleicht das wichtigste Motto der Zweiten Frauenbewegung. Während es nämlich in der Ersten Welle noch darum ging, durch das Wahlrecht auch tatsächlich an öffentlichen, politischen, bis dahin nur von Männern gesteuerten Prozessen teilhaben zu können, stellten die Frauen in den 1960er und 70er Jahren fest, dass viele der Ungleichbehandlungen im Privaten stattfanden – und daher gerne ausgeblendet wurden. So konnten viele Aktivistinnen sich z. B. nicht im gleichen Ausmaß wie ihre Partner an politischen Aktionen beteiligen, weil ihre Männer einfach erwarteten, dass sie als Frauen sich um Haushalt und Kinder kümmern würden. Und weil das vermeintliche »Privatangelegenheiten« waren, sprach auch niemand darüber.

Genau wie über die Erfahrung von sexueller Gewalt oder sexistischen Diskriminierungen, in der Beziehung, im Bekanntenkreis oder in der Arbeit. In den USA fingen Frauen damit an, in sogenannten Consciousness Raising Groups, also Bewusstwerdungsgruppen, über diese ins Private verbannten Probleme miteinander zu diskutieren. Dabei stellten sie fest, dass diese Dinge mitnichten privat und individuell waren, sondern sie alle in verschiedenem Ausmaß betrafen und damit ein strukturelles und politisches Problem darstellten. Mit dem Slogan »Das Private ist politisch« pochten sie darauf, dass diese Themen nicht länger verschwiegen, sondern Lösungen gesucht wurden.

»Befreit die sozialistischen Eminenzen von ihren bürgerlichen Schwänzen«

Ende 1968 kam es zu Konflikten in der deutschen Studentenbewegung, weil die Forderungen der Frauen nicht genug beachtet wurden. Neugegründete Weiberräte setzten sich vehement für die Verwirklichung feministischer Ziele ein und teilten auf einer Sitzung des Sozialistischen Deutschen Studentenbundes (SDS) in Hannover Flugblätter aus, in denen sie so satirisch wie scharf die obige Forderung formulierten – bebildert mit Zeichnungen von Penissen, die wie Hirschgeweih-Trophäen an die Wand genagelt waren. Gemeint war damit, dass die männlichen Studentenführer sich zwar wie sozialistische Revolutionäre fühlen möchten, dabei aber im Privaten, im Umgang mit Frauen, genau das gleiche Dominanzgebaren an den Tag legen wie die Vertreter der politischen Ordnung, die sie eigentlich bekämpfen.

»Eine Frau ohne Mann ist wie ein Fisch ohne Fahrrad«

Ein ebenfalls ironisch gemeinter Slogan, der aber weniger aggressiv formuliert ist als der vorherige. Er macht sich darüber lustig, dass Frauen suggeriert wurde, sie seien nur mit einem Mann an ihrer Seite komplette Wesen und gesellschaftlich wertvoll. Während heute viele Frauen als Single oder in queeren Beziehungen leben, war es zu dieser Zeit für viele Menschen undenkbar, außerhalb von traditionellen Strukturen wie Hetero-Ehe und Familie zu existieren. Aber auch heute noch werden durch Werbungen weichgespülte Idealbilder romantischer Heterobeziehungen gezeichnet, und gesetzliche Bevorzugungen wie Steuererleichterungen und gemeinsame Rentenansprüche für Ehepaare vermitteln das Bild, dass die Ehe zwischen Mann und Frau die wichtigste Lebensform sei.

»Gleicher Lohn für gleiche Arbeit«

Auch eine zentrale Forderung der Zweiten Frauenbewegung, die – leider – bis heute Gültigkeit hat. Obwohl in Deutschland bereits nach Ende des Zweiten Weltkrieges beschlossen worden war, dass Männer und Frauen gleich entlohnt werden müssen, gab es noch Hintertürchen wie die sogenannten »Leichtlohngruppen«. So wurde einfach bestimmt, dass Arbeit, die hauptsächlich von Frauen ausgeübt wird, weniger körperlichen Einsatz brauche, daher »leichter« und deswegen auch schlechter zu bezahlen sei – auch wenn Frauen z. B. in Fabriken genauso hart arbeiteten wie Männer.

Auch heute noch gibt es Folgen dieser Lohndiskriminierung, wenn Altenpflegerinnen, die die körperlich harte Arbeit machen, Menschen zu heben und umzubetten, tariflich schlechter gestellt sind als zum Beispiel Maurer. Der Gender Pay Gap liegt nach wie vor bei über 20 Prozent, und immer noch werden

Frauen in Unternehmen für die genau gleiche Arbeit schlechter bezahlt als männliche Kollegen.

Dritte Welle

»*Girl Power / Rebel Girl / Revolution Girl Style Now*«
Drei Schlachtrufe der Riot-Grrrl-Bewegung, die sich einerseits dagegen wehren, dass Frauen als »Pflegerinnen« der Menschheit immer erwachsen und vernünftig sein müssen – verantwortungsbewusste Frauen eben statt hedonistische Mädchen –, andererseits gleichzeitig aber auch gegen die Vorstellung, dass Mädchen süß, dümmlich und brav sind. Außerdem feiern sie die gemeinsame Stärke und Solidarität von Mädchen, denen immer wieder unterstellt wird, sie seien schwach, oberflächlich, apolitisch – und sie befänden sich zudem stets in einem Konkurrenzverhältnis zueinander, weil alle um die Aufmerksamkeit von Jungs wetteiferten. Alle drei Ausrufe werden Kathleen Hanna, Ur-Riot-Grrrl und Musikerin, zugeschrieben. Girl Power erschien 1991 als Untertitel auf ihrem Zine Bikini Kill, Revolution Girl Style Now ist der Titel des ersten Albums der Band Bikini Kill (deren Sängerin Hanna war), und Rebel Girl ist der Name eines Songs auf der zweiten Platte von Bikini Kill. Als die Riot-Grrrl-Bewegung in der Form einer gecasteten Band wie den Spice Girls und der »Girlie-Mode« kommerzialisiert wurde, nutzten auch die fünf Spice Girls den Slogan »Girl Power«, allerdings gänzlich ohne die revolutionären Töne der Riot Grrrls. Daraufhin scherzte Kathleen Hannah, wenn sie sich den Slogan hätte patentieren lassen, wäre sie heute wohl eine reiche Frau.

»Riots Not Diets«

In der Dritten Welle beschäftigten sich viele Feministinnen mit Schönheitsnormen, die Frauen das Leben schwermachen, und stellten sie vehement in Frage. Besonders der Zwang, stets dünn sein zu müssen, um als Frau gesellschaftlich akzeptiert zu werden, wurde kritisiert. So entstand der fröhliche Ausruf »Riots not Diets«, also »Aufstände statt Diät«, der damit an die Riot-Grrrl-Bewegung anknüpft. Anstatt alle Energie darauf zu verwenden, durch Essensverzicht oder übertriebene sportliche Betätigung dünner (und damit auch weniger, also gesellschaftlich weniger sichtbar, weniger raumeinnehmend) zu werden, sollten Frauen lieber gegen (sexistische) Ungerechtigkeiten auf die Barrikaden gehen.

»We're here, we're queer, get used to it!«

Wir sind hier, wir sind queer, gewöhnt euch dran! Eine Kampfansage, deren Nutzung nicht nur auf die Frauenbewegung beschränkt war, sondern auch von der LGBTIQ-Bewegung genutzt wurde. Menschen, die abseits von heteronormativen Mustern leben oder lieben, wollten nicht länger ausgegrenzt werden oder das Gefühl bekommen, dass sie sich für ihr Leben schämen müssen. Im Gegenteil fordern sie mit Nachdruck Respekt für ihre Lebensweise ein, indem sie klarmachen, dass nicht *sie* sich für irgendetwas entschuldigen müssen, sondern dass die *anderen* sich einfach nur daran gewöhnen müssen, dass nicht alle Frauen Männer lieben und umgekehrt.

»Kein Geschlecht oder viele! Radikal Geschlechtern!«

»In unserer Gesellschaft ist vielfach kein Platz für Menschen, die nicht in das herkömmliche Körperschema von Mann und Frau hineinpassen. Wer_Welche* nicht in dieses System passt, wird entweder ausgegrenzt oder mit verschiedenen Mitteln wieder in dieses Schema gezwungen.« So steht es in der Selbstbeschreibung der AG Gender Killer, die deutlich machen will, dass Unterdrückung im Patriarchat nicht nur Frauen passiert, sondern dass das eigentliche Problem ein System ist, das die Menschheit in zwei gegensätzliche Geschlechter einteilt, die sich ausschließlich zu begehren haben und die in einem klaren Machtverhältnis zueinander stehen: oben der Mann, unten die Frau. Diese einengende Einteilung zwingt uns alle in geschlechterspezifische Hierarchien und bietet zudem keinen Platz für Menschen, die sich außerhalb dieser »Matrix«, also dieser vorgeschriebenen Ordnung, verorten wollen. Daher plädiert die A.G.GENDER-KILLER, stellvertretend für viele »Gender Rebels« dafür, die starre Einteilung von Personen ins Zweigeschlechterschema aufzuheben und stattdessen die Vorstellung von Geschlecht als Definitionsmerkmal ganz abzuschaffen, oder eine Vielfalt von Geschlechtern zuzulassen.

»Gegut statt Geschlecht!«

Schließt an obige Forderungen an und macht mit einem ironischen Wortspiel darauf aufmerksam, dass die Einteilung von Menschen nach den herkömmlichen zwei Geschlechtern nichts Gutes hat und dass man sie lieber durch einen offenen Phantasiebegriff ersetzen sollte.

»Feminist Killjoy«

Auch wieder so ein ironischer Begriff, der gleichzeitig als Kampfansage funktioniert. Die britisch-australische Wissenschaftlerin Sara Ahmed hat ihren seit 2013 existierenden Blog feministkilljoys.com nach ihrer Selbstbezeichnung als »feministische Spaßverderberin« benannt. Einerseits eignet sie sich damit die negative Zuschreibung der verkrampften, humorlosen Feministin mit viel Humor an, andererseits verweist sie darauf, dass es leider immer noch vieles gibt, das Feministinnen keinen Spaß macht, und das wir bekämpfen müssen. In ihrem Buch »The Promise of Happiness« (2010) zeigt sie auch, wie heteronormative Vorstellungen von Glück benutzt werden, um andere Lebensformen abzuwerten.

Hier noch einige weitere Slogans, die du mit Hilfe der obigen Kapitel oder auch einer schnellen Internetrecherche sicher selbst decodieren und zeitlich zuordnen kannst. Und welches wären deine eigenen Sprüche?

- Gleiche Rechte – gleiche Pflichten!
- Frauen mit und ohne Mann! Frauen mit und ohne Angst!
- Frauen gemeinsam sind stark
- Frauen- und Mutterideal! Im Betrieb: Lohnskandal
- Wir lassen uns nicht an die Kette legen
- I'll stop being a feminist in a postpatriarchy
- My Body is not your object
- Society teaches Don't get raped instead of Don't rape
- I'm not asking for it
- Null Bock trotz Minirock
- End Rape Culture
- Keep your hands out of our pants
- Sexismus boykottieren, Feminismus zelebrieren
- Sexistische Kackscheiße

Kapitel 17
Feministische Bullshit Bingos

Immer wieder dieselben blöden Fragen, immer wieder dieselben blöden Kommentare. Wenn es um Feminismus geht, sind haltlose Vorwürfe, dümmliche Klischees und sexistische Witze oft schnell am Start. Um nicht daran zu verzweifeln, haben sich verschiedene Feministinnen ein lustiges Spiel ausgedacht, das es auch in anderen Bereichen schon gab. Während genervte FirmenmitarbeiterInnen beim »Business Bullshit Bingo« hohle Wirtschaftsphrasen gesammelt haben, haben Feministinnen die üblichen nervigen Statements zur Gleichberechtigung zusammengetragen. Wer in einer Diskussion am schnellsten alle Kästchen mit dämlichen Sprüchen und Fragen angekreuzt hat, hat gewonnen! Natürlich funktioniert dieses Bingo auch wunderbar im übertragenen Sinne – einfach als Erinnerung daran, dass gewisse Sachen immer wieder- und wiederkommen, und ihr nicht alleine damit seid, euch darüber aufzuregen.

Frauen sollten feminin sein!	Der Feminismus ist schuld, dass es so wenig Kinder gibt.	Frauen sind einfach von Natur aus besser in solchen Sachen.	Ihr mögt einfach keinen Sex, deswegen wollt ihr es den anderen auch verderben.	Sexuelle Übergriffe sind selten. Ihr seid bloß paranoid.
Ich bin einfach ein altmodischer Gentleman.	Frauen können einfach nicht objektiv sein, wenn es um Geschlechterfragen geht!	Alle Gerichte bevorzugen Frauen.	Hast du gerade deine Tage?	Versteht ihr keinen Spaß?
Ihr habt einfach eine Opfer-Mentalität.	Alles, was ihr braucht, ist mal richtig durchgevögelt zu werden.	Das ist hysterisch.	Frauen haben doch schon die ganze Macht über Männer.	Männer machen all die dreckige und gefährliche Arbeit für euch.
Ich sag euch, was schiefläuft mit dem Feminismus ...	Ich mähe den Rasen und repariere Sachen – das ist doch fair ...	Ihr habt offensichtlich ein psychologisches (Aggressions-)Problem.	So etwas ist mir noch nie passiert.	Ihr hasst Hausfrauen und Väter.
Wir leben doch längst in einem Matriarchat.	Ich wette, ihr seid einfach dick und hässlich.	Für euch sind wir doch alle potentielle Kinderschänder!	Wegen euch gibt es ständig Hetzkampagnen gegen Männer!	Rein biologisch gesehen ...

99

Kapitel 18
Die wichtigsten feministischen Hashtags im deutschsprachigen Raum

#aufschrei

Die Mutter aller deutschsprachigen feministischen Hashtags. Trat eine neue Netzfeminismusbewegung in Deutschland los. Unter dem Hashtag #aufschrei wurden eigene Erfahrungen mit Alltagssexismus tausendfach geteilt. Am 23. Januar 2013 kündigte die Zeitschrift Stern einen Artikel an, in dem die Journalistin Laura Himmelreich beschrieb, wie der FDP-Politiker Rainer Brüderle sie sexuell belästigt hatte. Am nächsten Tag twitterte die Netzfeministin Nicole von Horst über ein ähnliches Erlebnis, und Anne Wizorek schlug daraufhin den Hashtag #aufschrei vor, um derartige Erfahrungen öffentlich sichtbar zu machen. Am 21. Juni 2013 wurde #aufschrei als erster Hashtag mit dem renommierten Grimme Online Preis in der Kategorie »Spezial« ausgezeichnet.

@vonhorst:
Der Arzt, der meinen Po tätschelte, nachdem ich wegen eines Selbstmordversuchs im Krankenhaus lag.

anne wizorek@marthadear
@vonhorst wir sollten diese erfahrungen unter einem hashtag sammeln. ich schlage #aufschrei vor.

#ichhabnichtangezeigt bzw. #whyisaidnothing

Zwei Hashtags, die sich Opfern von sexualisierter Gewalt widmen und ihnen eine Stimme geben wollen. Hintergrund ist die Tatsache, dass viele Opfer sich aus den unterschiedlichsten Gründen nicht trauen, den Weg zur Polizei zu gehen – sie sind verängstigt, sie sind zu jung, der Täter stammt aus der eigenen Familie etc. – und dass die Verurteilungsquoten bei Delikten dieser Art notorisch niedrig sind (siehe Statistik in Kapitel 3). #ichhabnichtangezeigt hatte schwedische, englische und französische Vorbilder und war auf den Zeitraum vom 1. Mai 2012 bis zum 15. Juni 2012 begrenzt. Die Aussagen, die auch anonym getätigt werden konnten, wurden hinterher ausgewertet und mündeten in einen Brief mit Forderungen an die Bundesministerien für Familie, Justiz und Inneres.

Nach einem Artikel in der Zeitung »Die Welt« am 19. Dezember 2015 über die amerikanische Antifeministin Camille Paglia (die sich aber manchmal als Feministin bezeichnet), die behauptet, die Rede von einer Rape Culture sei ein Märchen, twitterte Marlies Hübner Gründe, warum Frauen sich nicht trauen, sich überhaupt zur Wehr zu setzen: Weil die Gesellschaft ihnen sagt, sie seien selbst schuld, weil ihre Kleidung dazu eingeladen hätte, weil sie den Mann ja freiwillig geküsst hätten ... Auch dieser Hashtag wurde von Presse und NutzerInnen eifrig aufgenommen.

Anonym

#ichhabenichtangezeigt, weil ich den kompletten Namen nicht kannte, ich es nicht wahrhaben wollte und dachte, ich wäre selber schuld.

@outerspace_girl

Because they said: »Come on, you wanted it«. #WhyISaidNothing #RapeCulture

#wiesmarties

Im Februar 2013 sprach sich der CDU-Bundestagsabgeordnete Jens Spahn dagegen aus, die Pille danach rezeptfrei auszugeben – mit der Begründung, »solche Pillen (seien) nun mal keine Smarties.« Dass er als Mann damit für die Entmündigung von Frauen, die in Notfällen schnell und unproblematisch an diese Pille kommen müssen, weil sie eine Schwangerschaft verhindert, bevor sie überhaupt eintritt, führte auf Twitter zu einem Sturm der Entrüstung – mit viel Sarkasmus aufgrund des Süßigkeitenvergleichs, der Frauen wie verantwortungslose Kinder dastehen lässt.

@lasersushi

Die #Pilledanach schmeckt mir so gut, ich nehme sie oft einfach so, als Abendbrotersatz! #wiesmarties

#schauhin

Gründete sich als Kollektiv aus »PoC, Schwarzen Menschen, Muslim_innen, Jüd_innen und kommen aus den Bereichen Journalismus, Sozialwissenschaften, Kunst und gesellschaftlichem Aktivismus« am 6. September 2013, um Alltagsrassismus in Deutschland sichtbar zu machen. Dabei ging es der Gruppe, bei der besonders viele Frauen aktiv sind, darum zu zeigen, dass Rassismus sich nicht nur am rechtsextremen Rand äußert, sondern alltäglich in der Mitte unserer Gesellschaft stattfindet.

@ReichelS
»wow. deine kinder sprechen französisch.« vs. »die kleinen türken sollen gefälligst deutsch sprechen.« #schauHin

@annoyingMenace
»Du bist aber hübsch für eine Schwarze.« #schauhin

#alsichschwangerwar

Nachdem die Journalistin Lara Fritzsche einen Artikel über Essstörungen bei Schwangeren im Magazin der »Süddeutschen Zeitung« veröffentlicht hatte, sammelten zahllose Frauen unter dem Hashtag #alsichschwangerwar verletzende bis übergriffige Kommentare über ihren Körper, die sie während ihrer Schwangerschaft zu hören bekommen hatten. Sogar während dieser körperlichen Ausnahmesituation wird heute von Frauen erwartet, fit und schön zu sein und vor allem nicht zu viel zuzunehmen, so das Fazit der Tweets.

Anna-Mareike Krause @mlle_krawall
@LilithMuc @larafritzsche Der erste Rat, den mir die Gynäkologin gab: »Essen Sie bloß nicht für 2! Das müssen Sie alles tragen!«

Anna-Mareike Krause @mlle_krawall
@LilithMuc @larafritzsche Und: »Mehr als 13,5 Kilo sollten Sie lieber nicht zunehmen.« #alsichschwangerwar

#wirbrauchenfeminismus

Der Hashtag #wirbrauchenfeminismus ist Teil der Kampagne »Wer braucht Feminismus?«, die seit Oktober 2012 Argumente für feministisches Engagement in Deutschland sammelt. Inspiriert wurde sie von der amerikanischen Aktion »Who needs feminism?«, bei der Personen Gründe für Feminismus auf Schilder schreiben und diese vor sich in die Kamera halten. Die Kampagne läuft online sowie offline mit Plakaten, Ausstellungen und Veranstaltungen.

@akinofftz
#wirbrauchenfeminismus, weil ich mich nicht immer für mein Frausein rechtfertigen will.

#reizendeschlagzeilen

Ende März 2013 wurde der englischsprachige Hashtag #edgyheadlines nach Deutschland importiert – als #reizendeschlagzeilen. Dabei ging es darum, Geschlechterstereotype, die nach wie vor in vielen Medien transportiert werden und regelmäßig für aufmerksamkeitsheischende Schlagzeilen genutzt werden, dadurch zu entlarven, dass man sie einfach umdreht. Also: Männer als auf ihr Aussehen bedachte Familientiere, Frauen als knallharte Karrieretypen – usw. Das Ergebnis war nicht nur sehr erhellend, sondern auch äußerst unterhaltsam.

Früher Tweet:

@smsteinitz

Mein Karrieregeheimnis: Wie Väter Job und Familie organisieren – und dabei fabelhaft aussehen #reizendeSchlagzeilen

#ichkaufdasnicht

Ein Hashtag, der von #aufschrei-Mitinitiatorin Anne Wizorek gestartet wurde und vom englischsprachigen Hashtag #not-buyingit inspiriert ist. Laut Wizorek geht es dabei um »sexistische, rassistische, homophobe, transphobe oder in anderer Form menschenverachtende Kampagnen«, die in der Werbung gang und gäbe sind. Mit Links, Zitaten und Fotos können Twitter-UserInnen andere auf Produkte aufmerksam machen, die sie ärgerlich finden. Denn, so die Logik der Kampagne, als KonsumentInnen haben wir die Macht zu entscheiden, wen wir mit unseren Käufen unterstützen und wen nicht.

Erster Tweet:

@marthadear

gebloggt: das mädchen-ei von #ferrero – warum überraschungseier in rosa scheiße sind #ichkaufdasnicht #ferrerofail[100]

#hotpantsverbot

Im Sommer 2015 schickte die Schulleiterin einer Werkreal-
schule in Horb am Neckar an alle Eltern einen Brief, in dem sie
sich darüber beklagte, dass viele Mädchen »sehr aufreizend ge-
kleidet« seien. Sie wollte eine neue Schulordnung anregen und
bis dahin all jene, die z. B. in Hotpants oder bauchfreien Tops
in die Schule kämen, dazu zwingen, während der Schulzeit ein
verdeckendes T-Shirt überzuwerfen. Tausende Twitter-Userinnen kritisierten, dass diese Maßnahme sich nur gegen Mädchen
richte. Durch diese urteilenden Erwachsenenblicke würden die
Schulmädchen zu Lustobjekten frühsexualisiert und ihnen zusätzlich ein Gefühl der Scham bezüglich des eigenen Körpers
vermittelt.

@marthadear
#hotpantsverbot zielt bei durchschnittlichen 30° allein auf mäd-
chenkleidung ab. so viel zu gesellschaftlichen werten ...

#ausnahmslos

Nach den Ereignissen der Silvesternacht 2015 auf 2016 vor dem
Kölner Hauptbahnhof, bei denen eine große Anzahl von Frauen
Opfer sexualisierter Gewalt wurden, waren viele Medien schnell
damit bei der Hand, Migranten oder Geflüchtete als alleinige
Wurzel des Problems auszumachen. Eine Gruppe feministischer Frauen, viele mit sogenanntem Migrationshintergrund,
organisierte sich schnell und verfasste ein Manifest. Darin forderten sie, dass allen Opfern solcher Gewaltformen so schnell

und umfassend wie möglich geholfen wird, egal, wer die vermeintlichen Täter sind – und dass die vermeintliche Herkunft der Täter nicht benutzt werden darf, um rassistisch Stimmung zu machen. In ihrem Text schreiben sie: »Sexualisierte Gewalt darf nicht nur dann thematisiert werden, wenn die Täter die vermeintlich ›Anderen‹ sind: die muslimischen, arabischen, schwarzen oder nordafrikanischen Männer – kurzum, all jene, die rechte Populist_innen als ›nicht deutsch‹ verstehen«. Am 4. März 2016 gewann die Initiative den Clara-Zetkin-Preis der Partei Die Linke.

Ausnahmslos @ausnahmslosorg
Gegen sexualisierte Gewalt und Rassismus. Immer. Überall. #ausnahmslos

Die Hashtags wurden zusammengestellt mit Hilfe von Anne Wizorek.

Kapitel 19
Questions for Men

In kurzer Zeit versammelten sich Hunderte Twitternutzerinnen unter dem Hashtag #questionsformen, um in kurzen, pointierten Fragen an Männer aufzuzeigen, wie sehr sie im Alltag mit Geschlechtsstereotypen zu kämpfen haben – ob sie nun wollen oder nicht.

- »Habt ihr das Gefühl, die Gesellschaft sieht euer Leben solange nicht als vollständig an, bis ihr Vater seid?«
- »Hat man euch in einem Bewerbungsgespräch je gefragt, wie ihr Job mit Familie zu vereinbaren gedenkt?«
- »Springen Frauen euch ins Gesicht und nennen euch fett, hässlich oder finden, dass ihr vergewaltigt gehört, weil ihr online eure Meinung gesagt habt?«
- »Gebt ihr Frauen falsche Telefonnummern, weil ihr Angst habt, dass sie gewalttätig werden, falls ihr sagt, ihr hättet kein Interesse?«
- »Ist es normal, dass Leute, mit denen ihr heftige Auseinandersetzungen habt, sagen, ihr wärt wütend, weil euch niemand fickt?«
- »Nimmt man von euch an, ihr wärt physisch und psychisch schwach, weil ihr Männer seid?«
- »Schickt ihr euren Freunden Nachrichten, dass ihr sicher zu Hause angekommen seid?«

- »Hat man euch je gesagt, dass der Grund für euer Single-
  dasein der ist, dass Frauen von eurer Intelligenz eingeschüchtert sind?«

Kapitel 20
Feministische Superheldinnen im Comic

Die Zeiten, in denen Comics als wertloser Schund galten, sind zum Glück vorbei. Die gezeichneten Storys werden mittlerweile als eigene Kunstform akzeptiert und die besten unter ihnen mit wichtigen Preisen ausgezeichnet. Die besonders literarischen tragen den Namen »Graphic Novel«, also etwa gezeichneter Roman, und erzählen wie eine Mischung aus Buch und Film komplexe Geschichten. Gerade im Bereich der Graphic Novels und bei den alternativen Comics gibt es unheimlich viele Frauen, die in unterschiedlichsten Stilen – zwischen punkigem Bleistiftgekrakel und perfektionistischen, detailreichen Vollfarbzeichnungen – mitreißende Stories erzählen. Dennoch wird die Comicbranche immer noch als stark männlich dominierter Bereich gesehen – das auch innerhalb der Szene gerne bemühte Klischeebild des Comicnerds ist das eines bleichen, bebrillten, sozial inkompetenten Einzelgängers, der sich seine Freundinnen malen muss, weil er im realen Leben keine findet. Wenn man sich die weiblichen Comicfiguren, die sich auf den großen Comicmessen, meist Comic Cons (von engl. Convention, Versammlung) genannt, so anschaut, kommt es einem oft tatsächlich so vor: Da wimmelt es nur so vor langbeinigen, großbusigen, löwenmähnigen und halbnackten Superfrauen, die wie die Bild gewordene Männerphantasie wirken. Für Besucherinnen dieser Veranstaltungen kann es durchaus verstörend bis ärgerlich sein, wenn sie zwischen den gespreizten Beinen einer überlebensgroßen, übersexy Pappkameradin durchmarschieren müssen, die gerade für ein neues Comicprodukt wirbt. Selbstverständlich ist nichts dagegen einzuwenden, wenn Frauen aufreizend gestylt sind, und viele dieser sexy Superheldinnen wie Superwoman, Wonderwoman, Batwoman, Red Sonja oder Lara Croft sind starke Figuren, die sich von niemandem unterdrücken lassen. Doch oft erleben gerade die weiblichen Comicfiguren besonders heftige Gewalt, was dazu geführt hat, dass eine Autorin namens Gail Simone 1999 sogar vom »Women in Refrigerators«-Syndrom sprach. Denn im Comic »Green Lantern« kommt ein Held nach Hause und findet seine von einem Bösewicht getötete Freundin im Kühlschrank – und ähnliche Abgänge sind auch bei anderen Comicfrauen nicht selten. Neben all diesen tragischen Schicksalen und den unrealistischen Körpermaßen – die die männlichen Superhelden zwar auch haben, aber die dürfen in der Regel alle ihre Kleider anbehalten und müssen nicht stets sexy sein – tut es gut, auch ganz andere Heldinnen als Vorbilder zu finden. Hier kommt eine Auswahl von ihnen, aus bewegten und nichtbewegten Bildern, die aber nur einen kleinen Ausschnitt bietet aus dem mittlerweile immer größeren Panorama von interessanten Comic-Heldinnen. Am besten, du erkundigst dich, ob es in deiner Nähe einen Comicladen oder einen Buchladen mit Comicecke gibt, und fängst an zu stöbern! Lass dich nicht davon einschüchtern, wenn dort vielleicht mehr Jungs sind als Mädchen und wenn die so tun, als hätten sie viel mehr Ahnung als du (haben sie meistens nämlich gar nicht, vor allem nicht bei Frauencomics, und wenn doch, könntet ihr vielleicht FreundInnen werden!). Denn es gibt von Superheldinnengeschichten aus großen Comicverlagen über rührende Mädchen-Coming-of-Age-Graphic-Novels (in denen wird die Zeit des Erwachsenwerdens erzählt) bis zu alternativen feministischen Comiczines im Eigenverlag unglaublich viel zu entdecken! Und falls es einen solchen Laden nicht bei dir in der Nähe gibt, sieh dich im Netz um, denn dort finden sich Informationen zuhauf. Viele Comics existieren auch als Webcomics, also in eigens fürs Internet geschaffenen Versionen.

Im Folgenden sind zehn Comic-Heldinnen aus TV-Serien, Filmen und Büchern, die sich deutlich von herkömmlichen Superheldinnen unterscheiden und gerade deswegen tolle feministische Vorbilder sind, aufgelistet.

1) Lisa Simpson

Ihre Geschichte:
Die achtjährige Lisa ist vielleicht das berühmteste Vorbild dafür, dass eine Streberin zu sein nichts Schlechtes ist. Im Gegenteil! Die kleine gelbe Figur, die in Matt Groenings TV-Cartoonserie die kleinere Schwester des dumpfbackigen Bart Simpson spielt, ist so etwas wie das gute Gewissen der fiktiven Stadt Springfield, wo sie mit ihrer Unterschichtfamilie zu Hause ist. Sie ist superschlau und immer die Beste in der Schule, spielt Saxophon und setzt sich für Gerechtigkeit und Umweltschutz ein – und lässt sich nicht davon einschüchtern, dass ihr weniger schlaues Umfeld sie oft nicht versteht.

Ihre Superkraft:
Ihre extreme Intelligenz.

Ihre menschliche Seite:

Bei all ihrem Engagement für das korrekte Leben kann sie mitunter ein wenig selbstgerecht sein.

2) Marjane Satrapi

Ihre Geschichte:

Die in Frankreich lebende Iranerin Marjane Satrapi ist eigentlich gar keine Comicfigur, sondern eine echte Person aus Fleisch und Blut. Aber sie ist eben auch eine gezeichnete Heldin, da sie ihr Leben im Iran und die Flucht aus dem islamischen Staat zu einer autobiographischen Graphic Novel namens »Persepolis« gemacht hat, die mit ihrem riesigen Erfolg nicht unwesentlich zur endgültigen Anerkennung von Comics als wertvolle Kunstform beigetragen hat. Marji ist die Tochter einer wohlhabenden, modernen Familie, die als Zehnjährige nach der sogenannten Islamischen Revolution nicht versteht, warum sie auf einmal ein Kopftuch tragen muss. Sie wird zu einem rebellischen Teenager, der zu seinem eigenen Schutz ins westliche Ausland nach Wien geschickt wird, mit viel Heimweh jedoch nach vier Jahren zurückkehrt. Doch im Iran kann die freiheitsliebende Marji nicht auf Dauer bleiben und geht am Ende der Geschichte ins Exil nach Frankreich.

Ihre Superkraft:

Ihre Unbeugsamkeit.

Ihre menschliche Seite:

Handelt manchmal, bevor sie nachdenkt, und bringt damit sich und andere in Schwierigkeiten.

3) Powerpuff Girls

Ihre Geschichte:
Die Powerpuff Girls sind drei kleine bunte Cartoon-Schwestern mit riesigen Augen, die in der gleichnamigen TV-Serie mit ihren Superkräften ihre Heimatstadt Townsville gegen Bösewichter und Monster verteidigen. Gleichzeitig schlagen sich Blossom (pink), Bubbles (blau) und Buttercup (grün) mit Alltagsproblemen herum, die wohl jedes Kindergartenkind kennt: Streitereien mit den Geschwistern, Überlegenheitsgetue von nervigen Jungs oder Bettnässern.

Ihre Superkräfte:
Unter anderem können sie fliegen, verfügen über Superkraft und -geschwindigkeit, sind fast unverletzbar und haben den Röntgenblick.

Ihre menschliche Seite:
Können ziemlich brutal sein.

4) Satsuki Kusakabe aus dem Film »Mein Nachbar Totoro«

Ihre Geschichte:
Das japanische Schulmädchen Satsuki zieht mit dem Vater und der kleinen Schwester Mei in ein verwunschenes Haus auf dem Land, während die Mutter der beiden mit einer schweren Krankheit im Krankenhaus liegt. In ihrem neuen Zuhause und seiner Umgebung entdecken die beiden Geschwister bald putzige Fabelgestalten, die nur Kinder sehen können: winzige schwarze

Rußbolde, kleine Waldgeister, die Eicheln und Nüsse sammeln, und den riesigen, kuscheligen Totoro. Als Mei nach einem Streit mit Satsuki wegrennt und sich auf dem Weg zur Mutter verirrt, kommt Totoro Satsuki zu Hilfe und ruft ihr einen zwölfbeinigen Katzenbus. Der rast über Hochspannungsleitungen in Windeseile zur weinenden Mei und vereint die beiden überglücklichen Schwestern wieder.

Ihre Superkraft:
Ihre Neugier, ihre Aufgeschlossenheit, ihre Unabhängigkeit und ihre große Liebe zu ihrer kleinen Schwester.

Ihre menschliche Seite:
Bei aller Geschwisterliebe ist Satsuki auch manchmal genervt von der vorwitzigen, unvorsichtigen Mei, auf die sie eigentlich immer aufpassen müsste, damit die keine Dummheiten macht.

5) Kamala Khan aka Ms Marvel

Kamala Khan ist ein ganz normaler Teenager aus New Jersey. Das Mädchen aus einer muslimischen Familie mit pakistanischen Wurzeln hängt mit ihren Freundinnen ab, hadert damit, dass sie nicht blond und beliebt ist, und hat manchmal Stress mit den Eltern, die wollen, dass sie fleißig lernt und Ärztin wird (der Vater) oder Angst haben, dass sie schwanger werden könnte (die Mutter). Doch auf einmal trifft sie die von ihr verehrten SuperheldInnen Captain America, Iron Man und Captain Marvel, die ihr erklären, dass sie auch eine von ihnen ist. Damit verändert sich ihr Leben dramatisch.

Ihre Superkraft:
Vordergründig, dass sie ihre Form verändern kann und Heilkräfte besitzt. Eigentlich aber, dass sie die erste muslimische Titelheldin des großen Verlags Marvel ist und dabei mit Vorurteilen gegenüber muslimischen Mädchen aufräumt.

Ihre menschliche Seite:
Ist in ihrem ›normalen‹ Leben meist ziemlich brav, zweifelt manchmal an ihrem Glauben.

6) Burka Avenger

Die »Burka-Rächerin« ist in ihrer Alltagsexistenz die engagierte Lehrerin Jiya, die in Pakistan an einer Mädchenschule unterrichtet. Doch leider wird das Recht von Mädchen auf Bildung immer wieder von Tunichtguten bedroht, so dass die – unverschleierte – Lehrerin sich regelmäßig mit Hilfe der schwarzen Burka in eine fliegende Kämpferin verwandeln muss, die Stifte und Bücher in gefährliche Wurfgeschosse verwandelt. Die Burka Avenger ist die erste animierte TV-Superheldin Pakistans und stieß seit ihrem Start 2013 international auf Begeisterung.

Ihre Superkraft:
Beherrscht die spezielle Kampfkunst Takht Kabaddi, bei der mit Büchern und Stiften geworfen wird.

Ihre menschliche Seite:
Erinnert mit ihrem Einsatz für Mädchenbildung stark an die reale Figur, der von den Taliban in den Kopf geschossen wurde, um sie am Schulbesuch zu hindern.

7) Alysia Yeoh aus »Batgirl«

Ihre Geschichte:
Alysia ist die Mitbewohnerin von Barbara Gordon aka Batgirl (wobei sie deren Superheldinnenidentität aber nicht kennt). Ihre Familie stammt ursprünglich aus Singapur, sie malt tagsüber und kellnert abends in einer Bar – und sie ist eine Transfrau. Damit besetzt sie die erste wichtige Nebenrolle als Transperson in einer Reihe des großen Verlags DC Comics.

Ihre Superkraft:
Dass sie ohne große Klischees als coole, sympathische Transfrau auftreten kann – sie ist weder übertrieben feminin dargestellt noch wird ihre Geschlechtsidentität von anderen Charakteren in Zweifel gezogen.

Ihre menschliche Seite:
Sie träumt davon, »Chef«, also professionelle Köchin zu werden.

8) Naima Pepper aus »(H)Afrocentric«

Naima ist das Kind eines schwarzen Vaters und einer weißen Mutter und wuchs mit ihrem Zwillingsbruder in einer eher weiß und asiatisch geprägten Nachbarschaft auf. Sie bezeichnet sich als schwarze radikale Feministin und besucht mit ihren PoC-FreundInnen zusammen das Ronald Reagan College. Ihre Heldin ist Angela Davis, schwarze Feministin und ehemaliges Mitglied der radikalen Black Panthers, und sie träumt davon, selbst mitreißende politische Reden zu halten.

Ihre Superkraft:
Ist überzeugt davon, das System weißer Herrschaft irgendwann abschaffen zu können.

Ihre menschliche Seite:
Ihre Wut auf Rassismus, Unterdrückung und Gentrifizierung lässt sie manchmal in hasserfüllte Litaneien ausbrechen.

9) Brigitte aus »Brigitte und der Perlentaucher«

Ihre Geschichte:
Brigitte ist eine elegante Dame mit einem Hundekopf und einem menschlichen Körper – und sie ist eine waschechte Geheimagentin. Mit Intelligenz und Körperkraft muss sie die Perle Pinctada Margaritifera II., auch als Margarita, jungfräuliche Auster bekannt, vor einem Mafia-Boss verteidigen. Dabei besteht sie sehr viele James-Bond-ähnliche Abenteuer und kommt immer wieder in surreale Situationen, die nur in alternativen Comics passieren können.

Ihre Superkraft:
Dass sie mehr Mut und List als eine herkömmliche Geheimagentin besitzt, aber als unglaublich putzige, krakelig gezeichnete Hundemädchenfigur ganz anders aussieht als die Superfrauen rund um James Bond.

Ihre menschliche Seite:
Ihre Vorliebe für romantische Affären, die sie oft in gefährliche Situationen bringt, und ihr unerfüllbarer Kinder-(bzw. Welpen-)wunsch.

10) Ariel in »Definition, Awkward, Potential, Likewise« von Ariel Schrag

Ihre Geschichte:
Als die echte Ariel Schrag die erste Klasse ihrer Highschool in Berkeley bei San Francisco besuchte, fing sie an, Comics über ihr Leben zu zeichnen – als Neuntklässlerin also! Die kopierte sie selbst und verkaufte sie an ihrer Schule, bis ein Verlag sich dafür interessierte. Auch über die folgenden drei Schuljahre berichtete sie in Comicform. Die Ariel, die sie da beschreibt, ist ein so verunsicherter wie lebenshungriger Teenager. Sie geht auf Partys und Konzerte, experimentiert mit Drogen, verknallt sich, hat Sex und stellt fest, dass sie lesbisch und bi ist.

Ihre Superkraft:
Ihre absolute und oftmals brüllend komische Ehrlichkeit, auch wenn die sie oder ihre FreundInnen noch so peinlich dastehen lässt.

Ihre menschliche Seite:
Ihre Traurigkeit über die Scheidung ihrer Eltern.

Kapitel 21
Feministisch durchs Jahr protestieren und feiern

Wer kennt ihn denn nicht, den größten Ehrentag, den unsere Gesellschaft Frauen zu bieten hat: den Muttertag. An jedem zweiten Sonntag im Mai bringen Kinder ihren Müttern selbstgebastelte Geschenke, Ehemänner kaufen Blumen und gestresste erwachsene Kinder rufen pflichtschuldigst bei Mama an. Seit 1914 in den USA etabliert, hat sich der ursprünglich durchaus feministisch gemeinte Tag, um die unbezahlten Leistungen von Müttern zu würdigen, immer mehr zu einem biederen Pflichttermin mit Rosen und Restaurantbesuchen entwickelt, der Frauen für die Gratisarbeit im Haushalt entschädigen soll. »Was nützt es mir, wenn ihr an einem einzigen Tag im Jahr lieb zu mir seid und mir Geschenke macht? Könnt ihr nicht stattdessen die 364 restlichen Tage nett sein und euch die Hausarbeit mit mir teilen?«, denken sich da wohl manche Mütter sarkastisch. Und was ist mit den Frauen, die keine Kinder haben? Sind die weniger wert? Dass dieser Tag der sichtbarste Anlass ist, zu dem Frauen hierzulande geehrt werden, sagt ziemlich viel über unser Frauenbild. Zum Glück gibt es aber nicht nur den Muttertag zu begehen – der schon okay ist, denn so ein Kind rauszupressen und zu versorgen ist ordentlich anstrengend –, sondern auch noch eine Menge anderer Tage, die aus feministischer Sicht Anlass zum Feiern, Nachdenken oder Protestieren geben. Hier findest du eine Auswahl von ihnen. Vielleicht hast du Lust, sie selbst, alleine oder gemeinsam mit anderen, mit ungewöhnlichen Aktionen oder ausgelassenen Feiern zu begehen? Oder vielleicht fallen dir sogar noch andere Tage ein, die es dringend geben sollte, und die du womöglich selbst ausrufen möchtest?

6. Februar: Internationaler Tag gegen weibliche Genitalverstümmelung

Der erste Tag im Jahr, der unsere feministische Aufmerksamkeit verdient, ist gleich ein harter Brocken. Denn dass es auch heute noch Mädchen und Frauen gibt, denen die Klitoris und weitere äußere Geschlechtsorgane abgeschnitten werden, ist einfach nur grotesk. Für diese Prozedur, die meist unter grausamen, unhygienischen Bedingungen und ohne Betäubung durchgeführt wird und die manchmal sogar zum Tod führen kann, gibt es keinerlei medizinische Begründungen, sondern nur traditionelle. Mädchen und Frauen sollen damit sexuell kontrolliert werden, damit sie keine Lust beim Sex empfinden. Die Praxis, die in allen europäischen Ländern verboten ist, wird besonders in Staaten des westlichen und nordöstlichen Afrikas vorgenommen. So sind in Ägypten rund 97 Prozent aller Frauen beschnitten, in Somalia 90–98 Prozent.

14. Februar: V-Day, One Billion Rising

Schon klar, der 14. Februar ist der Valentinstag. Dieser Tag, der die geschenklose Zeit zwischen Weihnachten und Ostern überbrücken und den Kauf von »romantischen« Artikeln ein bisschen ankurbeln soll. Allerdings ist er seit 1998 auch als V-Day bekannt. V steht hier für »Victory, Valentine & Vagina«, also Sieg, Valentinstag und Vagina. Die amerikanische Autorin Eve Ensler, die mit ihrem Stück »Die Vagina Monologe«, in dem verschiedene Frauen ganz unzensiert über ihre Sexualität, ihre Körper und eben ihre Vagina sprechen, erfolgreich war, hat ihn ins Leben gerufen. Dieser Tag soll ein Zeichen setzen gegen Gewalt an Frauen auf der ganzen Welt. Zu diesem Zweck können die »Vagina Monologe« ohne Tantiemen aufgeführt werden, um Geld für Wohltätigkeitsorganisationen zu sammeln.

Zum 15. Jahrestag des V-Day fand am selben Tag erstmals »One Billion Rising« statt, zu Deutsch »Eine Milliarde erhebt sich«. Auch an diesem Tag soll gegen Gewalt an Frauen und Mädchen protestiert werden – die eine Milliarde bezieht sich darauf, dass laut Statistiken mindestens jede dritte Erdenbürgerin schon einmal schwere körperliche Gewalt erfahren hat bzw. vergewaltigt wurde. Mit großangelegten Happenings wie gemeinsamen Tanzchoreographien auf öffentlichen Plätzen stieß dieser Tag in 205 Ländern (und 195 Städten in Deutschland) am 14. Februar 2013 auf großes Interesse – und wird nach wie vor begangen.

29. Februar: Equal Care Day

Ja, richtig gelesen. Dieser Tag zur Wertschätzung von Pflegearbeiten findet immer nur am 29. Februar statt. Nicht am 1. März, nicht am 28. Februar, sondern immer nur an genau diesem Tag im Schaltjahr. Also nur alle vier Jahre. Wieso das? Weil Männer im Schnitt vier Jahre brauchen, bis sie die Pflegearbeit von Frauen aufgeholt haben. Was Frauen im Bereich der Kinderaufsicht, Altenpflege und Behindertenbetreuung im Jahr 2016 geleistet haben, werden Männer erst im nächsten Schaltjahr, 2020, zusammenbekommen haben. Denn der weibliche Teil der Bevölkerung verrichtet immer noch 80 Prozent der professionellen wie auch privaten Pflegearbeit. Die InitiatorInnen des Equal Care Day, der 2016 erstmals begangen wurde, erinnern daran, dass diese Tätigkeiten keine unwichtige Privatsache sind, sondern unsere Gesellschaft am Leben erhalten. Dass die Lücke zwischen weiblich und männlich schon im Kinderzimmer beginnt, wenn Mädchen weniger Taschengeld als Jungs bekommen und dafür öfter im Haushalt mithelfen müssen, und dass die schlechtbezahlten Pflegetätigkeiten oftmals an Frauen mit Migrationshintergrund ausgelagert werden, sind weitere Tatsachen, die uns zum Denken und Protestieren bewegen sollten.

8. März: Internationaler Frauentag

Okay, dieser Tag, manchmal auch Weltfrauentag genannt, ist fast so ein Klassiker wie der Muttertag. Vor allem Personen aus postsozialistischen Ländern kennen ihn noch, denn im Osten, also zum Beispiel auch in der DDR, wurde der 8. März ähnlich pompös wie der Muttertag gefeiert. Dabei ist er eigentlich viel revolutionärer als der brave Ehrentag aller Mamas und ist für viele FeministInnen *der* zentrale Fest- und Aktionstag des ganzen Jahres. Nicht umsonst wird er auch oft Frauenkampftag genannt! Anfang des 20. Jahrhunderts waren es nämlich die Sozialistinnen, die sich für einen eigenen Tag der Frau einsetzen, um u. a. mehr Gleichberechtigung und das Wahlrecht zu fordern. 1909 fand er das erste Mal in den USA statt, allerdings noch am 28. Februar, um an einen Streik von Textilarbeiterinnen im Jahr zuvor zu erinnern. In Europa waren es die deutsche Sozialistin Luise Zietz und die Kommunistin Clara Zetkin, die sich für den Frauentag einsetzten, der dann weltweit zum ersten Mal im Jahr 1914 am 8. März stattfand – und ab dann regelmäßig an diesem Termin. Während in China heute offizielle Paraden zum Frauentag stattfinden und in westafrikanischen Ländern eigens bunte Stoffe mit Bildern und Slogans zur »Journée internationale de la femme« bedruckt werden, gibt es in westlichen Ländern viele selbstorganisierte Aktionen wie radikale Demos unter Titeln wie »Making Feminism a Threat Again« (Aus dem Feminismus wieder eine Bedrohung machen), ganze Themenwochen unter Titeln wie »Feminist Coming Out Week« oder »Feminist Film Week« oder auch biedere Infostände von Gewerkschaften. Es liegt also an jeder Einzelnen, an diesem Tag auf ihre Weise auf wichtige feministische Themen hinzuweisen – Aufmerksamkeit mit zahllosen Diskussionen und Medienberichten wird dem 8. März so gut wie nie geschenkt.

Irgendwann im März: Equal Pay Day

Um zu verdeutlichen, wie viel weniger Frauen als Männer nach wie vor verdienen, gibt es den Equal Pay Day (Gleicher Lohntag): Der findet seit 2009 immer an dem Tag des Jahres statt, bis zu dem Frauen im Vergleich zu den Männern – symbolisch – umsonst gearbeitet haben. Als Beispiel: Wenn Frauen insgesamt 22 Prozent weniger Geld verdienen als Männer, wie es im Jahr 2015 der Fall war, haben sie quasi bis zum 20. März, an dem 2015 der Equal Pay Day stattfand, gratis gearbeitet. Damit diese Ungleichbehandlung aufhört, wehen an diesem Tag rote Fahnen für Lohngerechtigkeit, Frauen treffen sich zu »Red Dinners« oder sie stricken beim Guerilla Knitting rote Handtaschen, die als Symbol für diesen Tag etabliert wurden.

Meistens irgendwann im April: Girls' Day

Warum werden so viele Mädchen Friseurinnen statt Maurerinnen? Warum studieren junge Frauen eher Germanistik als Maschinenbau? Der Girls' Day, der in Deutschland seit 2001 stattfindet, hat es sich zur Aufgabe gemacht, Mädchen ab der fünften Klasse dazu zu motivieren, sich auch für Berufsfelder zu interessieren, die als nicht so typisch weiblich gelten. Vor allem also auch aus dem Bereich der Technik und der Naturwissenschaft, denn dort ist der Männerüberhang immer noch am deutlichsten. Nicht unwesentlich für diesen staatlich geförderten Aktionstag, an dem Mädchen in verschiedenste Jobs reinschnuppern können, ist natürlich die Tatsache, dass die »männlichen« Branchen in der Regel viel besser bezahlt werden. So soll der »Gender Pay Gap« zwischen den Geschlechtern nach und nach geschlossen werden. Allerdings haben die Industrie und große Firmen natürlich auch ein Eigeninteresse daran, möglichst viele gute Fachkräfte für ihre Betriebe zu finden, und rühren daher bei den Mädchen die Werbetrommel für ihre Unternehmen. In manchen Bundesländern gibt es einen »Zukunftstag für Mädchen und Jungen« und, seit 2011, auch einen bundesweiten Boys' Day. Auch hierbei geht es darum, Kindern und Jugendlichen Berufsideen abseits von Geschlechterklischees zu vermitteln, wobei die Mädchenförderung nicht im Vordergrund steht.

24. April: Rana Plaza Memorial Day –
No Blood on My Clothes

Am 24. April 2013 passierte in Sabhar in Bangladesh eine Ka-
tastrophe: Die Textilfabrik Rana Plaza stürzte während des Pro-
duktionsbetriebes ein. 1135 Menschen wurden dabei getötet
und 2438 verletzt, die meisten von ihnen Frauen. In dem acht-
geschossigen Gebäude, das einem bangladeschischen Politiker
gehörte, waren am Tag zuvor Risse festgestellt worden. Dennoch zwangen die Fabrikbetreiber die Angestellten zur Arbeit.
Obwohl dies der schwerste Fabrikunfall in der Geschichte des
bitterarmen Landes war, hatte es auch schon in den Jahren davor immer wieder entsetzliche Vorfälle dieser Art gegeben. Die
österreichische Künstlerin Ines Doujak hat für ihr Projekt »Not
Dressed for Conquering« (Nicht für die Eroberung angezogen)
eine Auswahl an derartigen Unfällen aufgelistet und kommt
dabei vom Jahr 1533 bis Rana Plaza auf 55 tödliche Vorfälle,
29 davon allein in den 00er Jahren unseres Jahrhunderts. Das
zeigt uns: Die Profitgier und die Skrupellosigkeit, mit der hier
in Ländern des Südens erbärmlich bezahlte ArbeiterInnen aus-
gebeutet werden, hat in den letzten Jahren aufgrund unseres
unstillbaren Hungers auf »Fast Fashion«, also schnell und billig
produzierte Klamotten für Kleiderketten, rapide zugenommen.
Da Mode nach wie vor ein speziell weibliches Thema ist und
weil die Menschen, die in diesen Sweatshops arbeiten, meistens
Frauen sind – oft sehr junge, fast noch Kinder, und viele Mütter, deren Kinder während der Arbeitszeit sich selbst überlassen
sind –, ist der Protest gegen die unmenschlichen Arbeitsbedingungen auf jeden Fall ein feministisches Thema. Zum zweiten
Jahrestag des Einsturzes hat der österreichische Verein Art For
Fair Fashion mit der Plakataktion »No Blood On My Clothes«

(Kein Blut auf meiner Kleidung) den ersten Gedenktag ausgerufen, an dem menschenwürdige Arbeitsbedingungen in der Textilbranche gefordert werden.[101]

6. Mai: Internationaler Anti-Diät-Tag

Irgendwann Anfang der 1990er hatte es die Britin Mary Evans Young satt. Sie, eine ehemalige Magersüchtige, die endlich von ihrer Krankheit geheilt war, ertrug es nicht mehr, überall Diätwerbungen zu sehen und Horrorgeschichten von jungen Mädchen auf Radikaldiäten zu hören. Sie verfasste eine Pressemeldung mit dem Titel »Fat Woman Bites Back« (Dicke Frau beißt zurück). Als sie daraufhin ins Fernsehen eingeladen wurde, rief sie dort dazu auf, am 6. Mai 1992 den No Diet Day zu feiern. Also lud sie kurzerhand selbst zum Picknick in den Hyde Park und wurde, als sie sich wegen schlechten Wetters in ihre Wohnung zurückziehen musste, von MedienvertreterInnen belagert, die ihren Feiertag prominent machten.

Heute können alle diesen Antiabnehmtag so feiern, wie es ihnen gefällt: mit Tortenschlachten, öffentlichen Fress-Ins oder mit Rezeptsammlungen im Internet – oder wie auch immer. Die Ziele des Tages könnten wir uns jedenfalls alle hinter die Ohren schreiben: den überall präsenten Diätwahn zu hinterfragen, auf die gesundheitlichen Risiken von Diäten und Gewichtsverlust hinzuweisen, Dickenfeindlichkeit nicht länger hinzunehmen und vor allem – die Schönheit von Menschen aller Formen zu feiern.

17. Mai: Internationaler Tag gegen Homophobie, Transphobie und Biphobie

Es ist kaum zu glauben, aber wahr: Es dauerte bis zum Ende des 20. Jahrhunderts – bis zum 17. Mai 1990 – bis die Weltgesundheitsorganisation sich entschloss, Homosexualität aus ihrem Katalog der Krankheiten zu streichen. In Deutschland dauerte es sogar bis zum 11. Juni 1994, bis der § 175 des deutschen Strafgesetzbuches, der homosexuelle Handlungen unter Strafe stellte, restlos abgeschafft wurde! Das Datum des Aktionstages stellt so eine schöne Parallele zum deutschen Paragraphen her: 17.5. = 175 (zumal schwule Männer oft als »175er« bezeichnet worden waren und der 17.5. spaßeshalber »Der Feiertag der Schwulen« genannt worden war). Der 2005 erstmals begangene Tag widmete sich zuerst nur dem Kampf gegen Homophobie (also der Diskriminierung von gleichgeschlechtlich Liebenden), ab 2009 aber auch der Transphobie (Diskriminierung von Trans*personen) und ab 2015 zusätzlich der Biphobie (Diskriminierung von bisexuellen Personen). In vielen Ländern sind homosexuelle Handlungen bis heute verboten oder können sogar eine Todesstrafe nach sich ziehen (z. B. in Mauretanien, Jemen oder Saudi-Arabien); Alltagsdiskriminierungen sind jedoch in allen Gegenden der Welt verbreitet.

2. Juni: Welthurentag

Prostitution gibt es bekanntlich schon so lange, wie es die Menschheit gibt. Doch die Sexarbeit, wie viele der in diesem Bereich Beschäftigten lieber sagen, weil es den Arbeitscharakter ihrer Tätigkeit klarmacht, war immer von einer dicken

Wolke aus Tabus umnebelt. Auch heute sprechen viele Leute lieber *über* Prostitution, als dass sie *mit* Prostituierten reden. Huren gelten vielen als Ausgestoßene, als Menschen auf der untersten Stufe der Gesellschaft. Aber langsam ändert sich die Wahrnehmung dieses Berufes, der unterschiedlichste Jobs wie Telefonsex, Straßenstrich oder Tantramassagen in einem Edelstudio meinen kann. Es sind nicht mehr nur skandalumwitterte Bilder zwischen elendem Drogenstrich und Pretty-Woman-Romantik, die die Diskussionen dominieren, sondern immer mehr SexarbeiterInnen melden sich selbst zu Wort und fordern mehr Rechte. Das ist unter anderem auch eine Folge des schon über 40 Jahre alten Welthurentags, der 1976 erstmals in Frankreich ausgerufen wurde. Ein Jahr zuvor nämlich hatten am 2. Juni mehr als 100 Sexarbeiterinnen in Lyon eine Kirche besetzt, da sie durch die Polizei, die sie aus dem öffentlichen Raum verjagen wollte, immer mehr unter Druck gesetzt wurden. Da sie im Geheimen arbeiten mussten, waren sie weniger geschützt vor Gewaltverbrechen. Obwohl es zu zwei Morden kam, tat die Regierung nichts.

Auch heute noch ist die Absicherung von Prostituierten ungewiss, weil entweder klare Gesetze fehlen oder die existierenden Gesetze unzureichend umgesetzt werden. So haben SexarbeiterInnen auch dort, wo ihre Betätigung vor dem Gesetz erlaubt ist, wie in Deutschland, oft keine Möglichkeit, die Bezahlung ihrer Leistung einzuklagen, falls sich ein Kunde weigert zu zahlen. In vielen Städten werden sie in unattraktive und gefährliche Randlagen verdrängt, um sie aus den Innenstädten zu verbannen. Die Bewertung von Sexarbeit im Feminismus ist heftig umstritten: Für manche ist es ein Beruf wie jeder andere auch, denn auch z. B. als Altenpflegerin müssten Frauen mitunter ungewollte oder unangenehme körperliche Berührungen ausführen, würden dafür aber viel schlechter bezahlt. Für andere ist es ein Beweis dafür, dass Männer mit ihrer Macht und ihrem Geld nach wie vor patriarchalisch über Frauen(körper) und deren Sexualität nach Belieben verfügen können. Doch in einem sind sich alle einig: Die, die in diesem Bereich arbeiten, müssen auf jeden Fall rechtlich optimal geschützt und vor Ausbeutung und Diskrimierungen bewahrt werden.

11. Oktober: Internationaler Mädchentag / Coming Out Day

An einem Tag im Jahr strahlen weltberühmte Orte auf einmal in pink: die Niagarafälle, die Pyramiden von Giseh oder auch mal der Berliner Funkturm. Was dahintersteckt? Der internationale Mädchentag, der 2003 in Deutschland erfunden und 2011 auch von der UNO aufgegriffen wurde. Nun kann man zwar die Symbolik von wegen Pink = Mädchen ein wenig einfach und klischeehaft finden – dafür gab es auch schon Kritik. Aber die Anliegen des Tages sind trotzdem wichtig. Es soll nämlich darauf hingewiesen werden, dass Mädchen heute immer noch in vielen Bereichen benachteiligt werden: Dass sie nicht die gleichen Bildungschancen haben wie Jungs bzw. in schlechter bezahlte ›Frauenjobs‹ gedrängt werden. Dass Gewalt gegen sie in vielen Regionen an der Tagesordnung ist. Dass in einigen Ländern Mädchen bereits als Minderjährige verheiratet werden. Was auch immer engagierten Mädchen und NachwuchsfeministInnen auf den Nägeln brennt – der 11. Oktober ist der perfekte Tag, um damit an die Öffentlichkeit zu gehen.

Aber am selben Tag gibt es noch etwas zu feiern: den Moment, ab dem man sich traut, zur eigenen sexuellen Orientierung zu stehen. Auch wenn sie vielleicht nicht mit dem zusammenpasst, was von der Mehrheit gelebt wird. 1988 wurde in den USA der erste Coming Out Day gefeiert, nachdem ein Jahr zuvor rund 500 000 Menschen beim »Second National March on Washington for Lesbian and Gay Rights« (Zweiter Marsch nach Washington für lesbische und schwule Rechte) mitgelaufen waren.

Man kann den Tag also mit dem eigenen Outing als Lesbe, Queer oder Asexuelle krönen, andere Personen, die sich schon geoutet haben, als GastrednerInnen für Veranstaltungen einladen oder ermutigende Sprüche mit Kreide auf Straße oder Bürgersteig schreiben. Oder sich ganz einfach, wenn man nicht selbst betroffen ist, solidarisch mit anderen zeigen und eine große queere Party schmeißen.

26. Oktober: Intersex Awareness Day

»I am not a monster«, ich bin kein Monster, hat eine Person mit schwarzer Farbe auf ihrem nacktem Oberkörper stehen, die Augen sind auf dem Foto mit einem Balken überdeckt. Dieser Flyer für den Intersex Awareness Day, also den Tag des Bewusstseins für intersexuelle Personen, zeigt drastisch, mit wie vielen Vorurteilen diese Menschen noch zu kämpfen haben. Denn wer nicht in klare Kategorien wie »männlich« oder »weiblich« passt und das vielleicht auch gar nicht möchte, ist vielen unheimlich. Am 26. Oktober 1996 hatte eine Gruppe von Intersex-AktivistInnen erstmals öffentlich in Boston mit einem Banner protestiert, auf dem »Hermaphrodites With Attitude«, also Zwitter mit Haltung, stand. Ab 2003 wurde der Tag jährlich begangen, um die mit Intersexualität oft verbundene Verheimlichung und Scham durch Selbstbewusstsein zu ersetzen. Und um gegen die Zwangsoperationen, die viele Eltern und ÄrztInnen intersexuellen Neugeborenen zumuten, um sie in das geläufige Junge-Mädchen-Schema zu pressen, und die bei vielen lebenslange Schmerzen hervorrufen, zu protestieren.

8. November: Intersex Day of Remembrance, oder Intersex Solidarity Day

Dieser Tag, der in enger Verbindung mit dem Intersex Awareness Day steht, feiert den Geburtstag von Herculine Adélaïde Barbin, später Abel Barbin, einer französischen Intersexperson, die 1838 geboren wurde und sich 1868 vereinsamt in Paris das Leben nahm. Herculine wurde als Mädchen aufgezogen, bekam jedoch als Schülerin starken Bartwuchs und verliebte sich nur in Mädchen. Als Barbin mit ungefähr 20 große Schmerzen hatte, bemerkte ein Arzt bei einer Untersuchung, dass er/sie zwar eine Vagina und eine weibliche Harnröhre, aber ansonsten keine weiblichen Geschlechtsmerkmale besaß. Auch hatte er/sie nachts Samenergüsse. 1860 wurde gerichtlich beschlossen, dass Barbin als Mann leben sollte, was viel öffentliche Aufmerksamkeit nach sich zog. Abel Barbin zog sich daraufhin in die Anonymität der Großstadt zurück und schrieb vor dem Selbstmord seine Memoiren, die 1978 veröffentlicht wurden. Das Vorwort hatte der berühmte französische Philosoph Michel Foucault verfasst, der sich intensiv mit dem Schicksal Barbins auseinandergesetzt hatte.

25. November: Internationaler Tag gegen Gewalt an Frauen

Drei Schwestern setzten sich in den 1950er Jahren mutig gegen die Diktatur auf der Karibikinsel Dominikanische Republik ein. Als Patria, Minerva und Maria Teresa Mirabal am 25. November 1960 ihre inhaftierten Ehemänner, die sich ebenfalls für einen politischen Umsturz engagierten, im Gefängnis besuchten, wurden sie auf der Heimfahrt von Schergen des Diktators Trujillo überfallen und umgebracht. In Erinnerung an die Schwestern setzt ihr Todestag seit dem Jahr 1981, als dies auf einem Treffen lateinamerikanischer Feministinnen beschlossen wurde, ein Zeichen gegen Gewalt an Frauen. 1999 wurde der Tag auch von der UNO aufgegriffen und weist seitdem auf die mannigfaltige Gewalt hin, die Frauen weltweit angetan wird. Die Themen reichen dabei von Zwangsheirat und -prostitution über Vergewaltigung und häusliche Gewalt bis zu Femiziden, also der Ermordung von Frauen, und der vorgeburtlichen Selektion, also dem Töten weiblicher ungeborener oder neugeborener Babys, weil Mädchen als Nachwuchs nicht erwünscht sind. Aber auch Themen wie mangelnde Bildung, wirtschaftliche Ungerechtigkeiten oder unbezahlte Pflegearbeiten sollen an diesem Tag zur Sprache kommen. Seit 2001 wehen am 25. November auf Initiative der Frauenorganisation Terre des Femmes Fahnen. 2014 ging es zum ersten Mal auch um symbolische Gewalt, nämlich um Sexismus in der Werbung, der Frauen psychisch verletzen kann.

Aber um noch etwas geht es seit dem Jahr 2013: um die Gewalt, die viele Frauen überall auf der Welt erfahren, wenn sie ein Baby zur Welt bringen. Dieser von Natur aus sowieso meist schon schmerzhafte Prozess wird oft dadurch verschlimmert,

dass die Wünsche von Frauen beim Gebären nicht respektiert
werden: dass in dieser Ausnahmesituation z. B. nicht einfühl-
sam, sondern grob mit ihnen umgegangen wird, sie angeschrien
oder festgeschnallt werden oder dass sie sogar zu medizinischen
Prozeduren (wie einem Dammschnitt) gezwungen werden, die
sie nicht wollen. Um an das Leid dieser Frauen zu erinnern,
werden unter dem Motto »Roses Revolution« (Rosenrevolu-
tion) rosa Rosen oder Briefe mit den traumatischen Geburts-
schilderungen vor den Türen der Kreißsäle oder Geburtshäuser
abgelegt, wo es passiert ist. Auf dass Frauen zukünftig in jeder
Lebenssituation über sich und ihren Körper bestimmen dürfen.

Anhang
Quellenverzeichnis

[1] http://www.theloop.ca/lena-dunham-explains-feminism-in-12-quick-quotes/
Abrufdatum: 26.09.2016

[2] Laurie Penny, #ToTheGirls2016 PennyRed

[3] teenfeminist.com/blog

[4] aus: Die Badgirl-Feministin, S. 158

[5] Rebecca West, »Mr Chesterton in Hysterics: A Study in Prejudice«, *The Clarion*, 14. Nov. 1913, reprinted in *The Young Rebecca*, 1982

[6] http://hellogiggles.com/funny-feminist-quotes/

[7] http://www.goodreads.com/quotes/tag/feminist
Abrufdatum: 26.09.2016

[8] http://www.feministezine.com/feminist/quotes/
Abrufdatum: 26.09.2016

[9] »Verteidigung der Rechte der Frauen«, 1793

[10] http://sz-magazin.sueddeutsche.de/texte/anzeigen/44191/Im-Gesetz-steht-von-Liebe-kein-Wort
Abrufdatum: 26.09.2016

[11] »Lexikon der Frauenzitate«, Ursula Scheu

[12] http://stylecaster.com/30-kick-ass-quotes-about-womanhood-from-pop-culture-queens/#ixzz3wYihi2A2
Abrufdatum: 26.09.2016

[13] http://www.azquotes.com/author/17729-Gloria_E_Anzaldua
Abrufdatum: 26.09.2016

[14] http://www.sueddeutsche.de/leben/namenswahl-nach-der-heirat-bekenntnis-zum-mann-1.79245
Abrufdatum: 26.09.2016

[15] http://www.welt.de/wirtschaft/article113506632/Maenner-besitzen-33–000-Euro-mehr-als-ihre-Frauen.html
Abrufdatum: 26.09.2016

[16] http://www.oeko-fair.de/frauen-entwicklung/frauen-fakten
Abrufdatum: 26.09.2016

[17] http://www.boeckler.de/51232.htm Abrufdatum: 26.09.2016

[18] http://www.sozialpolitik-aktuell.de/tl_files/sozialpolitikaktuell/_Politikfelder/Alter-Rente/Datensammlung/PDF-Dateien/abbVIII29_30.pdf
Abrufdatum: 26.09.2016

[19] http://de.statista.com/statistik/daten/studie/151287/umfrage/gender-pay-gap-in-der-eu-2008/
Abrufdatum: 26.09.2016

[20] http://www.spiegel.de/wirtschaft/unternehmen/teilzeit-58-prozent-der-frauen-arbeiten-nicht-vollzeit-a-1019311.html
Abrufdatum: 26.09.2016

[21] https://d28wbuch0jlv7v.cloudfront.net/images/infografik/normal/infografik_1983_wie_lange_Maenner_und_Frauen_im_Haushalt_arbeiten_n.jpg
Abrufdatum: 26.09.2016

[22] https://de.statista.com/infografik/3765/frauenanteil-unter-den-start-up-gruendern-ausgewaehlter-staedte/
Abrufdatum: 26.09.2016

[23] https://d28wbuch0jlv7v.cloudfront.net/images/infografik/normal/infografik_2216_Frauenanteil_in_ausgewaehlten_Berufsgruppen_n.jpg
Abrufdatum: 26.09.2016

[24] Pressemitteilung Nr. 109 vom 25.03.2015

[25] https://www.destatis.de/DE/PresseService/Presse/Presse-mitteilungen/2015/03/PD15_109_22922.html
Abrufdatum: 26.09.2016

[26] http://www.big-berlin.info/news/414
Abrufdatum: 26.09.2016

[27] https://www.frauen-gegen-gewalt.de/tl_files/downloads/
sonstiges/Streitsache_Sexualdelikte_Zahlen_und_Fakten_b.pdf
Abrufdatum: 26.09.2016

[28] https://frauenrechte.de/online/images/downloads/hgewalt/
Sexuelle-Gewalt-in-Deutschland.pdf
Abrufdatum: 26.09.2016

[29] http://de.statista.com/statistik/daten/studie/6726/umfrage/
diaet-erfahrung-bei-jugendlichen/
Abrufdatum: 26.09.2016

[30] http://www.gbe-bund.de/pdf/Faktenbl_koerperbild_diaet
verhalten_2013_14.pdf
Abrufdatum: 26.09.2016

[31] http://www.vzhh.de/ernaehrung/373122/Tabelle_Frauen
zahlenmehr.pdf
Abrufdatum: 26.09.2016

[32] http://www.spiegel.de/schulspiegel/schlechtere-noten-als-
maedchen-sind-jungen-schulverlierer-a-1059134.html
Abrufdatum: 26.09.2016

[33] Nach Angaben des Statistischen Bundesamtes (2013) http://
www.dasgleichstellungswissen.de/bildungsstand-von-frauen
und-m%C3%A4nnern-studium-und-karriereverl%C3%A4ufe.
html?src=1
Abrufdatum: 26.09.2016

[34] Mai 2015, Quelle: http://de.statista.com/themen/873/frauen
quote/
Abrufdatum: 26.09.2016

[35] http://seejane.org/wp-content/uploads/gender-bias-without-
borders-executive-summary.pdf
Abrufdatum: 26.09.2016

[36] http://www.thewrap.com/wga-women-screenwriters-
losing-ground-money-white-male-counterparts/
Abrufdatum: 26.09.2016

[37] http://www.pro-quote.de/wp-content/uploads/2013/05/

fuehrungskraefte-oeffentlich-rechtliche.pdf
Abrufdatum: 26. 09. 2016

[38] http://www.wga.org/uploadedFiles/who_we_are/hwr14
execsum.pdf
Abrufdatum: 26. 09. 2016

[39] proQuote via http://www.spiegel.de/kultur/tv/tatort-fuehrt-
frauenquote-ein-a1054361.html
Abrufdatum: 26. 09. 2016

[40] https://www.giswatch.org/en/womens-rights-gender/dot-
feminist-resistance-online-disobedience-sabotage-and-militancy
Abrufdatum: 26. 09. 2016

[41] http://www.artfacts.net/index.php/pageType/ranking/
paragraph/4/lang/1
Abrufdatum: 26. 09. 2016

[42] http://cdn.agilitycms.com/who-makes-the-news/Imported/
reports_2015/global/gmmp_global_report_en.pdf
Abrufdatum: 26. 09. 2016

[43] http://de.statista.com/statistik/daten/studie/151106/umfrage/
frauenanteil-in-ausgewaehlten-nationalen-parlamenten/
Abrufdatum: 26. 09. 2016

[44] Emma Goldman, Frauen in der Revolution, Bd. 2, Berlin 1977,
S. 9–18; amerikanische Erstveröffentlichung in: Emma Goldman,
Anarchism and other Essays, New York 1911

[45] http://www.azquotes.com/picture-quotes/quote-i-am-a-black-
feminist-i-mean-i-recognize-that-my-power-as-well-as-my-
primary-oppressions-audre-lorde-65-67–18.jpg
Abrufdatum: 26. 09. 2016

[46] http://www.feministcurrent.com/2015/10/05/a-thank-you-note-
to-carceralsex-negative-feminists/
Abrufdatum: 26. 09. 2016

[47] VNS Matrix, Cyberfeministisches Manifest für das 21. Jahrhundert, 1991 http://www.sterneck.net/cyber/vns-matrix/index.php
Abrufdatum: 26. 09. 2016

48 http://www.satctranscripts.com/2008/08/sex-and-city-season-4-episode-7.html#.VtRB9xjJyt8 Abrufdatum: 26.09.2016

49 Das Unbehagen der Geschlechter. Aus dem Amerikanischen von Kathrina Menke, Suhrkamp, Frankfurt am Main 1991, S. 74 Oder »Die Geschlechtsidentität ist eine Imitation, zu der es kein Original gibt (...)« Butler 1996:26), Körper von Gewicht

50 Luisa Muraro: Freiheit lehren. Vortrag im Juni 2002 in Arnoldshain

51 belgische Zinemacherin http://www.transform-network.net/yearbook/journal-052009/news/detail/Journal/diy-feminist-networks-in-europe-personal-and-collective-acts-of-resistance.html
Abrufdatum: 26.09.2016

52 Sara Farris im Interview mit Missy Magazine 03/15, August 2015

53 Jennifer Baumgardner and Amy Richards, GRASSROOTS: A Field Guide for Feminist Activism, 2005

54 http://www.hashtagfeminism.com/f/
Abrufdatum: 26.09.2016

55 Sheryl Sandberg, Lean In. Frauen und der Wille zum Erfolg, 2013, S. 14

56 http://www.ibtimes.com/dita-von-teese-what-turns-americas-queen-burlesque-1812834
Abrufdatum: 26.09.2016

57 The Power of Women and the Subversion of the Community von Mariarosa Dalla Costa & Selma James, 1972, Vorwort
http://radicaljournal.com/books/maria_dalla_costa_power/foreword.html
Abrufdatum: 26.09.2016

58 https://www.goethe.de/de/kul/med/20439915.html
Abrufdatum: 26.09.2016

59 Maria Mies, Kann globaler Ökofeminismus die Welt retten?, 1994, S. 104

[60] Sonja Eismann, Hot Topic. Popfeminismus heute, 2007, S. 10.

[61] Robin Morgan, (1974). »Theory and Practice: Pornography and Rape«. In: Going Too Far: The Personal Chronicle of a Feminist. (1977). Random House. 333 p

[62] Leah Bretz und Nadine Lantzsch, Queer_Feminismus. Label & Lebensrealität. 2013, S. 17

[63] http://www.azquotes.com/quote/945214
Abrufdatum: 26.09.2016

[64] Kritik des Staatsfeminismus. Oder: Kinder, Küche, Kapitalismus, 2015, S. 8–9

[65] Kate Bornstein, Ein schädlicher Einfluss: Die wahre Geschichte eines netten jüdischen Knaben, der bei Scientology landete und zwölf Jahre später zu der hinreißenden Lady wurde, die sie heute ist. 2013, S. 10

[66] http://www.azquotes.com/author/6871-Bell_Hooks
Abrufdatum: 26.09.2016

[67] Xenofeministisches Manifest, http://www.laboriacuboniks.net/de/index.html#zero/3
Abrufdatum: 26.09.2016

[68] http://www.stylist.co.uk/people/beyonce-on-feminism-conflict-and-how-losing-a-close-friend-to-cancerchanged-her
Abrufdatum: 26.09.2016

[69] http://www.mtv.com/news/1984246/taylor-swift-feminist-laci-green-braless/
Abrufdatum: 26.09.2016

[70] http://mic.com/articles/114458/17-powerful-feminist-quotes-from-nicki-minaj#.mdywWWPg0
Abrufdatum: 26.09.2016

[71] Nicki Minaj in MTV Documentary My Time Now, http://www.mtv.com/news/1653115/nicki-minaj-vents-about-being-a-female-mc-in-my-time-now-preview/
Abrufdatum: 26.09.2016

[72] Q&A with Yahoo!, http://www.bustle.com/articles/87530–7-

feminist-jennifer-lawrence-quotes-because-j-laws-all-about-
female-empowerment
Abrufdatum: 26. 09. 2016

[73] http://www.elle.com/culture/celebrities/a6/amy-poehler-
women-in-tv-2014-interview/
Abrufdatum: 26. 09. 2016

[74] http://www.teenvogue.com/story/kate-nash-album-charity
Abrufdatum: 26. 09. 2016

[75] http://www.unwomen.org/en/news/stories/2014/9/emma-
watson-gender-equality-is-your-issue-too
Abrufdatum: 26. 09. 2016

[76] http://www.damemagazine.com/2014/06/01/laverne-cox-i-
absolutely-consider-myself-feminist
Abrufdatum: 26. 09. 2016

[77] http://www.bustle.com/articles/96644-tavi-gevinson-talks-
fashion-feminism-with-the-daily-mail-here-are-the-9-best
Abrufdatum: 26. 09. 2016

[78] http://www.vogue.com.au/celebrity/interviews/tavi+gevinson+
on+feminism+sacrificing+procrastination+and+creativity,26334
Abrufdatum: 26. 09. 2016

[79] http://www.thedailybeast.com/articles/2014/10/11/the-
resurrection-of-kristen-stewart.html
Abrufdatum: 26. 09. 2016

[80] http://www.etonline.com/news/159887_kristen_stewart_on_
feminism_young_actresses_should_embrace_the_label/
Abrufdatum: 26. 09. 2016

[81] http://www.vanityfair.com/hollywood/2015/04/kristen-stewart-
hollywood-sexist
Abrufdatum: 26. 09. 2016

[82] http://www.theguardian.com/film/2015/apr/22/carey-mulligan-
film-industry-is-massively-sexist-far-from-the-madding-crowd
Abrufdatum: 26. 09. 2016

[83] Nina Power, Die eindimensionale Frau, Merve 2011, S. 108

[84] http://www.channel4.com/news/malala-yousafzai-im-a-feminist-and-a-muslim
Abrufdatum: 26.09.2016

[85] http://www.huffingtonpost.com/entry/malala-yousafzai-tells-emma-watson-we-should-all-be-feminists_us_563b8aa2e4b0b24aee493598
Abrufdatum: 26.09.2016

[86] Amandla Stenberg über Intersectional Feminism in nylon, October issue 2015: http://www.celebitchy.com/452148/amandla_stenberg_talks_intersectional_feminism_her_angry_black_girl_label/
Abrufdatum: 26.09.2016

[87] Rowan Blanchard Speech at UN Women Conference 2015: https://www.unwomen-usnc.org/files/Rowan%20Blanchard%20Speech.pdf
Abrufdatum: 26.09.2016

[88] http://rowanblanchardxx.tumblr.com/post/127296679289/row-i-wanted-to-ask-your-opinion-on-the-term
Abrufdatum: 26.09.2016

[89] http://www.frauenmediaturm.de/themen-portraets/feministische-pionierinnen/christine-de-pizan/auswahl bibliografie/das-buch-von-der-stadt-der-frauen/
Abrufdatum: 26.09.2016

[90] absoluter Feminismus, orange Press, S. 47

[91] Valerie Solanas, Manifest der Gesellschaft zur Vernichtung der Männer, März Verlag, 1982 (1968)

[92] Haraway, Donna: Ein Manifest für Cyborgs. Feminismus im Streit mit den Technowissenschaften. In: Haraway, Donna: Die Neuerfindung der Natur. Primaten, Cyborgs und Frauen. Frankfurt a. M. und New York 1995. S. 33–72. (Erstmals erschienen unter: Haraway, Donna. Manifesto for Cyborgs: Science, Technology, and Socialist Feminism in the 1980's. In: Socialist Review 80. 1985. S. 65–108.)

[93] Anette Baldauf, Katharina Weingartner (Hg.). Lips Tits Hits Power? Popkultur und Feminismus. Folio, 1998. S. 26f.

[94] Beatriz Preciado, Kontrasexuelles Manifest, bbooks 2003, S. 20

[95] http://www.salon.com/2013/04/25/grimes_i_don%E2%80%99t_want_to_have_to_compromise_my_morals_in_order_to_make_a_living/
Abrufdatum: 26.09.2016

[96] http://www.bbc.com/news/magazine-34602822
Abrufdatum: 26.09.2016

[97] http://republicart.net/disc/precariat/precarias01_de.htm
Abrufdatum: 26.09.2016

[98] Trömel-Plötz (1982), S. 76

[99] http://maedchenmannschaft.net/we-proudly-present-the-glaub-ich-first-german-anti-feminist-bingo/
Abrufdatum: 26.09.2016

[100] http://bit.ly/RCy1Uo
Abrufdatum: 26.09.2016

[101] http://www.artforfairfashion.org/#!rana-plaza-memorial/c1gyu
Abrufdatum: 26.09.2016

Das ultimative Sachbuch zu Sex und Identität

Egal, ob dir Jungs oder Mädchen oder beide gefallen, ob du dich wie ein Junge oder wie ein Mädchen fühlst ... Du bist einfach du, klar? Mit viel Humor und Weisheit entlarvt Juno Dawson die beliebtesten Klischees und wahnwitzigsten Irrtümer über Liebe und Sex jenseits von hetero und sagt ehrlich, was wirklich Sache ist. Dies ist ein Buch für außergewöhnliche, einzigartige und total normale Leute wie dich, mich, deine beste Freundin und ihren Cousin.

Worauf wartet ihr noch – liebt euch!

Juno Dawson
**How to Be Gay –
Alles über Coming-Out,
Sex, Gender und Liebe**
Aus dem Englischen von
Volker Oldenburg
Band 0092

Das gesamte Programm gibt es unter
www.fischerverlage.de

Eine Liebesgeschichte, so berauschend, dass sie süchtig macht

Optimistisch gesehen ist Vikis Leben eine Vollkatastrophe. Da kann man schon mal aus Frust ein paar Tüten zu viel rauchen. Oder nach einem Konzert mit dem Sänger der Band im Bett landen, obwohl man den eigentlich total bescheuert findet. So was passiert. Aber ausgerechnet ihr? Nein! Ganz. Sicher. Nicht. Oder vielleicht doch?

Sabine Schoder
Liebe ist was für Idioten. Wie mich
Band 0151

Das gesamte Programm gibt es unter
www.fischerverlage.de

fi 8-0151 / 1